書名：地理辨正自解
系列：心一堂術數珍本古籍叢刊　堪輿類
作者：〔清〕李思白

主編、責任編輯：陳劍聰
心一堂術數珍本古籍叢刊編校小組：陳劍聰　素聞　梁松盛　鄒偉才　虛白盧主

出版：心一堂有限公司
地址／門市：香港九龍尖沙咀東麼地道六十三號好時中心LG 六十一室
電話號碼：+852-6715-0840
網址：www.sunyata.cc
電郵：sunyatabook@gmail.com
網上書店：http://book.sunyata.cc
網上論壇：http://bbs.sunyata.cc/

版次：二零一三年十二月初版
平裝

定價：港幣　九十八元正
人民幣　九十八元正
新台幣　三百五十元正

國際書號：ISBN 978-988-8266-36-4

香港及海外發行：香港聯合書刊物流有限公司
地址：香港新界大埔汀麗路三十六號中華商務印刷大廈三樓
電話號碼：+852-2150-2100
傳真號碼：+852-2407-3062
電郵：info@suplogistics.com.hk

台灣發行：秀威資訊科技股份有限公司
地址：台灣台北市內湖區瑞光路七十六巷六十五號一樓
電話號碼：+886-2-2796-3638
傳真號碼：+886-2-2796-1377
網路書店：www.govbooks.com.tw
www.bodbooks.com.tw
經銷：易可數位行銷股份有限公司
地址：台灣新北市新店區寶橋路二三五巷六弄三號五樓
電話號碼：+886-2-8911-0825
傳真號碼：+886-2-8911-0801
email：book-info@ecorebooks.com
易可部落格：http://ecorebooks.pixnet.net/blog

中國大陸發行・零售：心一堂書店
深圳地址：中國深圳羅湖立新路六號東門博雅負一層零零八號
電話號碼：+86-755-8222-4934
北京地址：中國北京東城區雍和宮大街四十號
心一店淘寶網：http://sunyatacc.taobao.com

心一堂術數古籍珍本叢刊 總序

術數定義

術數，大概可謂以「推算、推演人(個人、群體、國家等)、事、物、自然現象、時間、空間方位等規律及氣數，並或通過種種『方術』，從而達致趨吉避凶或某種特定目的」之知識體系和方法。

術數類別

我國術數的內容類別，歷代不盡相同，例如《漢書·藝文志》中載，漢代術數有六類：天文、曆譜、無行、蓍龜、雜占、形法。至清代《四庫全書》，術數類則有：數學、占候、相宅相墓、占卜、命書、相書、陰陽五行、雜技術等，其他如《後漢書·方術部》、《藝文類聚·方術部》、《太平御覽·方術部》等，對於術數的分類，皆有差異。古代多把天文、曆譜、及部份數學均歸入術數類，而民間流行亦視傳統醫學作為術數的一環；此外，有些術數與宗教中的方術亦往往難以分開。現代學界則常將各種術數歸納為五大類別：命、卜、相、醫、山，通稱「五術」。

本叢刊在《四庫全書》的分類基礎上，將術數分為九大類別：占筮、星命、相術、堪輿、選擇、三式、讖緯、理數(陰陽五行)、雜術。而未收天文、曆譜、算術、宗教方術、醫學。

術數思想與發展——從術到學，乃至合道

我國術數是由上古的占星、卜蓍、形法等術發展下來的。其中卜蓍之術，是歷經夏商周三代而通過「龜卜、蓍筮」得出卜(卦)辭的一種預測(吉凶成敗)術，之後歸納並結集成書，此即現傳之《易經》。經過春秋戰國至秦漢之際，受到當時諸子百家的影響、儒家的推崇，遂有《易傳》等的出現，原本是卜蓍術書的《易經》，被提升及解讀成有包涵「天地之道(理)」之學。因此，《易·繫辭傳》曰：「易與天地準，故能彌綸天地之道。」

漢代以後，易學中的陰陽學說，與五行、九宮、干支、氣運、災變、律曆、卦氣、讖緯、天人感應說等相結

合，形成易學中象數系統。而其他原與《易經》本來沒有關係的術數，如占星、形法、選擇，亦漸漸以易理（象數學說）為依歸。《四庫全書‧易類小序》云：「術數之興，多在秦漢以後。要其旨，不出乎陰陽五行，生尅制化。實皆《易》之支派，傅以雜說耳。」至此，術數可謂已由「術」發展成「學」。

及至宋代，術數理論與理學中的河圖洛書、太極圖、邵雍先天之學及皇極經世等學說給合，通過術數以演繹理學中「天地中有一太極，萬物中各有一太極」（《朱子語類》）的思想。術數理論不單已發展至十分成熟，而且也從其學理中衍生一些新的方法或理論，如《梅花易數》、《河洛理數》等。

在傳統上，術數功能往往不止於僅僅作為趨吉避凶的方術，及「能彌綸天地之道」的學問，亦有其「修心養性」的功能，「與道合一」（修道）的內涵。《素問‧上古天真論》：「上古之人，其知道者，法於陰陽，和於術數。」數之意義，不單是外在的算數、歷數、氣數，而是與理學中同等的「道」、「理」—心性的功能，北宋理氣家邵雍對此多有發揮：「聖人之心，是亦數也」、「萬化萬事生乎心」、「心為太極」。《觀物外篇》：「先天之學，心法也。……蓋天地萬物之理，盡在其中矣，心一而不分，則能應萬物。」反過來說，宋代的術數理論，受到當時理學、佛道及宋易影響，認為心性本質上是等同天地之太極。天地萬物氣數規律，能通過內觀自心而有所感知，即是內心也已具備有術數的推演及預測、感知能力；相傳是邵雍所創之《梅花易數》，便是在這樣的背景下誕生。

《易‧文言傳》已有「積善之家，必有餘慶；積不善之家，必有餘殃」之說，至漢代流行的災變說及讖緯說，我國數千年來都認為天災，異常天象（自然現象），皆與一國或一地的施政者失德有關；下至家族、個人之盛衰，也都與一族一人之德行修養有關。因此，我國術數中除了吉凶盛衰理數之外，人心的德行修養，也是趨吉避凶的一個關鍵因素。

術數與宗教、修道

在這種思想之下，我國術數不單只是附屬於巫術或宗教行為的方術，又往往已是一種宗教的修煉手段——通過術數，以知陰陽，乃至合陰陽（道）。「其知道者，法於陰陽，和於術數。」例如，「奇門遁甲」術中，即分為「術奇門」與「法奇門」兩大類。「法奇門」中有大量道教中符籙、手印、存想、內煉的內容，是道教內丹外法的一種重要外法修煉體系。甚至在雷法一系的修煉上，亦大量應用了術數內容。此外，相術、堪輿術中也有修煉望氣色的方法；堪輿家除了選擇陰陽宅之吉凶外，也有道教中選擇適合修道環境（法、財、侶、地中的地）的方法，以至通過堪輿術觀察天地山川陰陽之氣，亦成為領悟陰陽金丹大道的一途。

易學體系以外的術數與的少數民族的術數

我國術數中，也有不用或不全用易理作為其理論依據的，如楊雄的《太玄》、司馬光的《潛虛》。也有一些占卜法、雜術不屬於《易經》系統，不過對後世影響較少而已。

外來宗教及少數民族中也有不少雖受漢文化影響（如陰陽、五行、二十八宿等學說）但仍自成系統的術數，如古代的西夏、突厥、吐魯番等占卜及星占術，藏族中有多種藏傳佛教占卜術、苯教占卜術、擇吉術、推命術、相術等；北方少數民族有薩滿教占卜術；不少少數民族如水族、白族、布朗族、佤族、彝族、苗族等，皆有占雞（卦）草卜、雞蛋卜等術，納西族的占星術、占卜術，彝族畢摩的推命術、占卜術…等等，都是屬於《易經》體系以外的術數。相對上，外國傳入的術數以及其理論，對我國術數影響更大。

曆法、推步術與外來術數的影響

我國的術數與曆法的關係非常緊密。早期的術數中，很多是利用星宿或星宿組合的位置（如某星在某州或某宮某度）付予某種吉凶意義，并據之以推演，例如歲星（木星）、月將（某月太陽所躔之宮次）等。不過，由於不同的古代曆法推步的誤差及歲差的問題，若干年後，其術數所用之星辰的位置，已與真實星辰的位置不一樣了；此如歲星（木星），早期的曆法及術數以十二年為一周期（以應地支），與木星真實周期十一點八六年，每幾十年便錯一宮。後來術家又設一「太歲」的假想星體來解決，是歲星運行的相反，週期亦剛好是十二年。而術數中的神煞，很多即是根據太歲的位置而定。又如六壬術中的「月將」，原是立春節氣後太陽躔娵訾之次而稱作「登明亥將」，至宋代，因歲差的關係，要到雨水節氣後太陽才躔娵訾之次，當時沈括提出了修正，但明清時六壬術中「月將」仍然沿用宋代沈括修正的起法沒有再修正。

由於以真實星象周期的推步術是非常繁複，而且古代星象推步術本身亦有不少誤差，大多數術數除依曆書保留了太陽（節氣）、太陰（月相）的簡單宮次計算外，漸漸形成根據干支、日月等的各自起例，以起出其他具有不同含義的眾多假想星象及神煞系統。唐宋以後，我國絕大部份術數都主要沿用這一系統，也出現了不少完全脫離真實星象的術數，如《子平術》、《紫微斗數》、《鐵版神數》等。後來就連一些利用真實星辰位置的術數，如《七政四餘術》及選擇法中的《天星選擇》，也已與假想星象及神煞混合而使用了。

隨着古代外國曆（推步）、術數的傳入，如唐代傳入的印度曆法及術數，元代傳入的回回曆等，其中我國占星術便吸收了印度占星術中羅睺星、計都星等而形成四餘星，又通過阿拉伯占星術而吸收了其中來自希臘、巴比倫占星術的黃道十二宮、四元素學說（地、水、火、風），並與我國傳統的二十八宿、五行說、神煞系統並存而形成《七政四餘術》。此外，一些術數中的北斗星名，不用我國傳統的星名：天樞、天璿、天璣、天權、玉衡、開陽、搖光，而是使用來自印度梵文所譯的：貪狼、巨門、祿存、文曲，廉貞、武曲、破軍等，此明顯是受到唐代從印度傳入的曆法及占星術所影響。如星命術的《紫微斗數》及堪輿術的《撼龍經》等文獻中，其星皆用印度譯名。及至清初《時憲曆》，置潤之法則改用西法「定氣」。清代以後的術數，又作過不少的調整。

術數在古代社會及外國的影響

術數在古代社會中一直扮演着一個非常重要的角色，影響層面不單只是某一階層、某一職業、某一年齡的人，而是上自帝王，下至普通百姓，從出生到死亡，不論是生活上的小事如洗髮、出行等，大事如建房、入伙、出兵等，從個人、家族以至國家，從天文、氣象、地理到人事、軍事，從民俗、學術到宗教，都離不開術數的應用。如古代政府的中欽天監（司天監），除了負責天文、曆法、輿地之外，亦精通其他如星占、選擇、堪輿等術數，除在皇室人員及朝廷中應用外，也定期頒行日書、修定術數，使民間對於天文、日曆用事吉凶及使用其他術數時，有所依從。

在古代，我國的漢族術數，甚至影響遍及西夏、突厥、吐蕃、阿拉伯、印度、東南亞諸國、朝鮮、日本、越南等地，其中朝鮮、日本、越南等國，一至到了民國時期，仍然沿用着我國的多種術數。

術數研究

術數在我國古代社會雖然影響深遠，「是傳統中國理念中的一門科學，從傳統的陰陽、五行、九宮、八卦、河圖、洛書等觀念作大自然的研究。……傳統中國的天文學、數學、煉丹術等，要到上世紀中葉始受世界學者肯定。可是，術數還未受到應得的注意。術數在傳統中國科技史、思想史，文化史、社會史，甚至軍事史都有一定的影響。……更進一步了解術數，我們將更能了解中國歷史的全貌。」（何丙郁《術數、天文與醫學 中國科技史的新視野》，香港城市大學中國文化中心。）

可是術數至今一直不受正統學界所重視，加上術家藏秘自珍，又揚言天機不可洩漏，「(術數)乃吾國科學與哲學融貫而成一種學說，數千年來傳衍嬗變，或隱或現，全賴一二有心人為之繼續維繫，賴以不絕，其中確有學術上研究之價值，非徒癡人說夢，荒誕不經之謂也。其所以至今不能在科學中成立一種地位者，實有數困。蓋古代士大夫階級目醫卜星相為九流之學，多恥道之；而發明諸大師又故為惝恍迷離之辭，以待後人探索；間有一二賢者有所發明，亦秘莫如深，既恐洩天地之秘，復恐譏為旁門左道，始終不肯公開研究，成立一有系統說明之書籍，貽之後世。故居今日而欲研究此種學術，實一極困難之事。」（民國徐樂吾《子平真詮評註》，方重審序）

現存的術數古籍，除極少數是唐、宋、元的版本外，絕大多數是明、清兩代的版本。其內容也主要是明、清兩代流行的術數，唐宋以前的術數及其書籍，大部份均已失傳，只能從史料記載、出土文獻、敦煌遺書中稍窺一鱗半爪。

術數版本

坊間術數古籍版本，大多是晚清書坊之翻刻本及民國書賈之重排本，其中豕亥魚魯，或而任意增刪，往往文意全非，以至不能卒讀。現今不論是術數愛好者，還是民俗、史學、社會、文化、版本等學術研究者，要想得一常見術數書籍的善本、原版，已經非常困難，更遑論稿本、鈔本、孤本。在文獻不足及缺乏善本的情況下，要想對術數的源流、理法、及其影響，作全面深入的研究，幾不可能。

有見及此，本叢刊編校小組經多年努力及多方協助，在中國、韓國、日本等地區搜羅了一九四九年以前漢文為主的術數類善本、珍本、鈔本、孤本、稿本、批校本等千餘種，精選出其中最佳版本，以最新數碼技術清理、修復版面，更正明顯的錯訛，部份善本更以原色精印，務求更勝原本，以饗讀者。不過，限於編校小組的水平，版本選擇及考證、文字修正、提要內容等方面，恐有疏漏及舛誤之處，懇請方家不吝指正。

心一堂術數古籍珍本叢刊編校小組

二零零九年七月

廣東新會李思白自解

地理辨正自解

廣州河南岐興社前直街八號

松齡李館發行

車序

先大父。曾讀地理辨正。數十寒暑。不能明玄空二字。僕繼而捧誦數載。亦終爲門外漢。故常怨作此書者。半含半吐。非徒無益。而又害之。甲申秋。得晤 李公思白。於體心堂。將師所傳心法。編爲地理辨正自解。僕幸與朝夕研究其玄空三大卦。所以然之卦氣。由無極而太極立極。至下卦挨星。起三般。分兩片。天地父母卦。如何順排倒排。陰陽二宅。坐向線度。陰陽成卦。分金龍。認子息。對定天地人。格龍過峽。尋龍過氣。追尋父母宗枝。證其三節不亂。收山出煞。撥砂收水。必要形氣交孚。用分率尺。中五立極。以定二宅得失榮枯。用工部尺。開門放水。以定路徑長短。合其三吉。用量天尺。以定立碑出入。地盤高低。屋層多少。應星遠近。羅城濶窄。水口來去。所論形氣兩者。俱微細無遺。獨此看雌雄之一法。不肯筆之於書。乃知地理辨正中妙理。先賢必口眼相傳。方能領會。決非外人所能窺其奧者。迨後僕讀此書。自愧不學無術。而叢怨之心始釋然。是爲序。

光緒十一年中秋四川重慶巴縣車敏僊書於渝城體心堂

方序

堪輿之道。巒頭爲體。理氣爲用。人皆知之。惟巒頭有形可見。其書皆眞而不僞。故有志風水者。得以悉心研究。故長於形勢者。往往代不乏人。若理氣則無跡可尋。其書多浮而不實。又加以各執一家。互相齟齬。卽雖有過人之智。亦不能以空無捉摸。冥心靜想。以玩索而得其指歸。故常有考察終身。而卒成爲門外漢者。尤復指不勝屈。不知理氣之象。上懸於星辰。理氣之文。下著於河洛。約而言之。則爲太極。博而言之。則爲無極。太極卽陰陽之交媾。無極卽陰陽之化成。無交媾。則雖有陰陽。亦不得爲夫婦。無化成。則雖有交媾。亦不能定興衰。然欲識交媾。辨興衰。非有順五兆。用八卦。排六甲。佈八門。推五運定六氣之功。斷不容窺其奧義。伊古以來。得眞傳者。厥惟郭璞。由晉而降。得其訣者。亦惟蔣氏平階。但地理辨正一書。深奧難明。非口授心傳。未易探其底蘊。是以書雖行世。而會其要領者。殆若晨星。吾友　李君思白。天資勤敏。學問素優。其於堪輿一道。夙有心得。後又得名師傳授。故能於地理辨正中妙理。剖析詳明。然伯牙之琴。非有子期。定乏知音之侶。冀州之馬。非來伯樂。誰爲買骨之人。故李君理氣雖精。猶未有知其得道者。僕遭家不造。門祚衰微。蚤歲篤志堪輿。冀資補救。芒鞋竹杖。潦倒半生。三十而後。於巒頭之學。似覺頗有津涯。到不惑年。於理氣一門。尚見殊無主宰。迨四十二。幸遇李君　星海。將生平所得江西吳明山。地理辨正眞訣。一概授之於吾。至是理氣之淵微始悟。今見李君所著地理辨正自解。詞雖少異。而其理不啻殊途同歸。捧誦之餘。竊深佩服。伏念陰陽二宅。理氣實爲造福之媒。第舉世沉淪。孰作中流之寶筏。與其懷寶迷邦。奚若施航渡海。倘果將此書付梓。公之海內。便可爲後學津梁。異日嘉惠蒼黎。其功德正不知胡底也。是爲序。

旹

民國七年歲次戊午大寒後十二天粵省東莞方聞興謹識

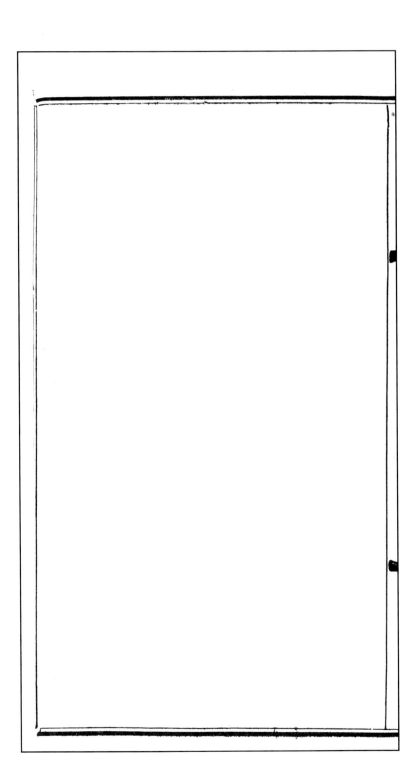

自序

風水之說。其源始自黃石公。繼至郭璞楊曾。及朱蔡諸賢。亦皆著書立說。概未可云斯道無稽。置而勿論。但欲謀奠陰陽二宅。必先審明天地之氣。以合玄空三大卦爲的。決非可漫然營造也。近日歐風輸入。彼習染歐風者。多以斯道爲阻礙進化。相戒勿談。不知陰陽二宅。爲人生所不能無。雖古聖賢亦不能偏廢。無已。即其昭垂於經傳者。請證之。詩云。陟則在巘。復降在原。此公劉遷邠。審後龍以察生氣也。書曰。我乃卜澗水東。瀍水西。惟洛食。此周公營洛。審堂氣之凝聚也。是可營陽宅之一證。孝經云。卜其宅兆而安厝之。安厝云者。謂厝於生氣之中。而令親體常安也。是又可卜陰宅之一證。由此觀之。風水一道。固不可不求。然亦必察地中形勢。以乘九運玄空三大卦之生氣。乃能獲福。楊公誠恐後人狃於僞造。特著青囊天玉寶照等經。玄空三大卦。挨星生旺圖訣。詳言天理地理。形氣交孚之理。實爲仁人孝子而設。其慈悲之心。深且切矣。僕有心斯道。學習十餘載。莫明其妙。因客四川渝城。幸遇杜牧堂道長。秘傳玄空三大卦。三般。兩片。下卦起星之訣。研究多年。豁然有得。方知其言爲不謬。於是盡將所傳各訣。編著成書。顏曰。地理辨正自解。本意深藏。不敢問世。奈親友愛其書。欲爲初學傳觀利便。以免謄錄之難。堅請付梓。第其中或有錯悞。世不乏 高明之士。閱是書者。伏祈 糾正。以匡不逮。是則鄙人所深望焉。

光緒十一年廣東新會少蓮李思白書於四川重慶南海公所

張序

地理辨正一書。本於晉之景純。而著於唐之楊曾。其大旨。不外排六甲。運九龍。來何地。落何宮。顛顛倒。順逆從而已。推而言之。則更僕難罄。約而言之。則不出看雌雄三字範圍。其看雌雄之法不一。楊公特於天玉經。共路兩龍神爲夫婦一章。起三般。分兩片。陰陽二宅。單陰配單陽。雙陰配雙陽。形與氣合。最忌陰差陽錯。則不得爲眞雌雄。註云。巽巳爲眞夫婦。丙午亦眞夫婦。若巳丙不得爲眞夫婦。指出看雌雄之握要也。惜前賢之註是書者。不肯輕洩玄空奧義。雖蔣傳直解。不過畧言大意。而於看雌雄之眞蒂。究未切實指陳。無怪後之讀辨正者。徒託空談。終罔得其要領。此地理之所以不明於世也。僕檢查家藏陽宅秘旨。心眼法要。疑龍撼龍。地理辨正與直解。總不明玄空三大卦。三般兩片。挨星生旺之訣。迨後讀 思白李君自解。紀錄玄空三大卦。三般兩片。分形分氣。挨星順逆。趨吉避凶。由微至顯。雖愚必明。而青囊之道統。亦不至沉淪焉。後之閱此自解者。得窺玄空三大卦之門徑矣。是爲序。

旹

民國十年仲秋吉旦 順邑張階平書於廣州杏林醫學社

余序

僕篤信玄空三大卦。不幸未得眞傳。無奈挾三合。天盤立向。中針格龍。地盤放水。以造葬。後讀僞造大小玄空。張疎板通。不知先天九紫。後天五黃。爲何物。則挨星飛佈。九五到宮。無定名。何能趨吉避凶也。再得師傳。看雌雄之握要。云盡在天玉經。江東一卦從來吉一章。括盡羅經三元之作用。爲消砂納水所不能無。及天卦江東掌上尋一章。分別山水龍神。爲倒排父母。看天心。與辨零正挨星之妙訣。屢次玩索。是則不符雌與雄。交會合玄空。雄與雌。玄空卦內推之說。深愧不得其門而入。無以辨正去冬。幸讀　思白李先生。地理辨正自解。豁然貫通。敬求收錄。拜領全法。乃知江東一卦從來吉一章。係指三運。玄空大卦。五土龍神到江西。與江西龍去望江東。襯起南北八神共一卦。指一運。五土龍神在離。九運在坎。天數五。地數五。五黃居中。即八卦祇有一卦通之謂。如天卦江東掌上尋一章。亦指天卦江東三運。掌上起挨星。地卦之子午卯酉。即天卦之卯酉艮子。均指三運。五運。玄空大卦之五土龍神。隨氣運行。此二章。是看雌雄之一法。非爲消砂納水所不能無。更非與辨零正挨星之握要也。今先指其握要。有三說者言之。其一。帝釋一神定縣府一章。明示人以三般。倒排九六一。帝釋九也。紫微六也。八武坎也。其二。識得父母三般卦。則半示人以順排逆挨。三般。一七九。北斗一也。七星七也。離宮九也。同時在乎七九順排。加北斗一星。共十七。五行爲數動。除十二。成五動。爲逆挨。其三。

辰戌丑未地元龍一章。則不敢明示人以三般。其經文心法。蔣註云。貪狼一星。眞脈入穴。護衛正龍根本。卦氣未値。卦氣。指三般八九一。未値。指所得玄空大卦晉之豫。伏應子水貪狼。卽在震卦初爻。庚子之中。主初爻未値之貪狼。直解註云。而曰護正龍。卽八九一之謂也。不知護正。共二十四數。除天卦八。地卦八。共除十六。餘八。龍十七。除陰卦四。陽卦四。共除八。餘九。五行爲卦動。八九共十七。除天卦八。地卦八。共除十六。餘一。卽八九一之謂也。其餘認金龍之三般。七八一。二神。寅雙陽。酉雙陰。兩片。金龍。木龍。二十四山分順逆。三般。四四一。兩片。卯動出子。木龍。水龍。又如東西父母三般卦。更看父母下三吉。五行位中出一位。共路兩神爲夫婦。識得陰陽玄妙理龍分兩片陰陽取。二十四龍管三卦。父母陰陽仔細尋。二十四山雙雙起。山上龍神不下水。坤壬乙巨門從頭出。倒排父母蔭龍位。三陽水向盡源流。六建分明號六龍。東西二卦眞奇異。倒排父母是眞龍。凡此一十六章。經文。亦有三般。爲看雌雄之提要。必再傳心傳眼。證明無極。分率尺。太極。工部尺。立極。量天尺。如何分卦作用。先天九紫。後天五黃。如何謂遞定名。羅經九運。巒頭理氣。坐向線度。如何起三般。分兩片。格龍對定天地人。認龍脉知有好地。識星體知結穴。如何立穴定向。撥砂收水。陰陽二宅。均用飛佈武到坎之法。應何年何房。以斷吉凶。先賢必口眼相傳。不肯筆之於書。有緣方遇。總之所傳秘訣。與經文吻合者。是眞傳之辨別也。不然。而曰護正龍。即八九一之謂也。如此直解。門外人從何知之。眞會者一言立曉。不知者累牘難明矣。是爲序。

旹

民國十年首夏　門人余靄禮敬序於台山荻海問心草廬

黃石公三字青囊經

大玄空。妙無窮。用九星。排九宮。分六甲。佈八門。每八卦。一卦通。甲與庚。丙與壬。此四干。號單陽。丑與未。戌與辰。此四支。號單陰。乾與亥。坤與申。巽與巳。艮與寅。此四維。雙陽淸子與癸。午與丁。卯與乙。酉與辛。此四正。號雙陰。天心動。九宮更。陰作陽。陽作陰。有時陽。有時陰。分陰陽。定五行。顚顚倒。無定名。夫與婦。各相從。山與水。喜和融。惟空位。忌流冲。

倒顛顛。順逆從。是破軍。非破軍。非破軍。是破軍。通變化。任橫行。

起玄空大卦與挨星三字經

大玄空。妙無窮。排六甲。運九龍。來何地。落何宮。顛顛倒。順逆從。坤壬乙。是巨門。巽辰亥。武曲名。艮丙辛。是破軍。甲癸申。貪狼行。天心動。九宮更。是巨門。非巨門。非巨門。是巨門。通變化。都是春。

二十四山干支挨到宮別名係隨氣運行者也

乾龍樓。艮鳳閣。坤寶盖。甲鬼刼。庚刼熬。丙帝釋。壬八武。乙功曹。辛值符。丁帝輦。庚鸞駕。子帝座。午龍墀。辰華蓋。辰天罡。丑天吊。未天殺。起三般。分兩片。均隨天卦運行。非呆宮也

玄空三大卦圖

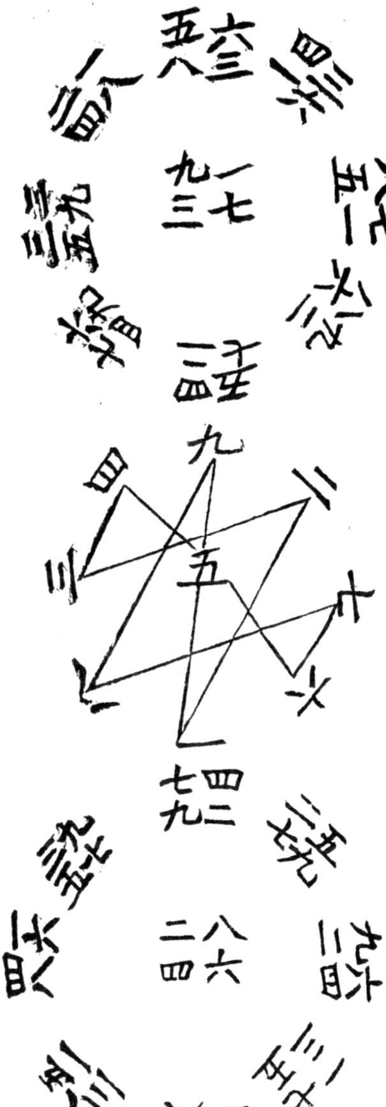

傳心变易之圖

兵法有八陣。醫方亦有八陣。地理傳心八易一而八。之所以通變化。八而一。之所以辨天心。兵法之八陣。係國家之安危。醫方之八陣。司性命之存亡。地理之八易。順天氣之流行。關子孫之興替。學者。當細心參考青囊天玉之機。自能畧見一斑矣。非俗註。從水之左來右到之訣也。

量天尺。分率尺。工部尺。圖說。製法。用遠年白菓樹木。以工部尺量台。長。一

尺二分。頭尾餘一分。濶度一寸五分。厚四分。正面製量天尺。左側製分率尺。右側製工部尺。宜依法製妥。隨便帶用。　造量天尺。長。畫六寸。另尖高八分。共畫長六寸八分。濶一寸五分。計開。卯酉宮。一寸。辰申宮。一寸五分。巳未宮。二寸。午宮。一寸五分。共六寸。　另尖高畫八分。用分率尺。量台平緊。

卯辰巳午未申酉七宮。每宮宜分勻畫十五度。戌亥子丑寅五宮。

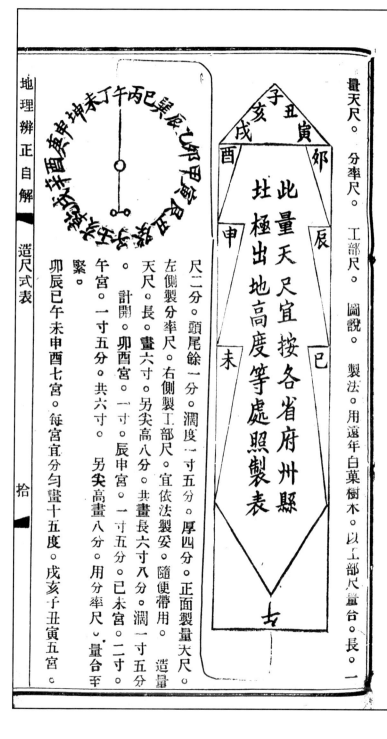

按此尺。每宮亦十五度。用法。均雙開。作三十度計。吊照到宮。爲的。

此分率尺式。因限於紙。每尺。十二寸。祇寫八寸。餘可類推

分率尺。分其羅經新舊度。三元九運。山水龍神。陰陽宅。形氣消納。量天尺。量其地盤高低。立碑出入。屋層多少。應星遠近。水口來去。工部尺。測度其無極。太極。立極。卦氣。陰陽二宅。內六事。趨吉避凶。

此工部尺式。因限於紙。每尺。十寸。祇寫六寸。餘可類推。

青囊序　唐曾求己公安著

廣東新會李思白自解
四五弟李希泮璧持燊煥甫　四男李聖志陶齋同校
四川重慶府巴縣門人毛夢覺釋非氏較正

楊公養老看雌雄。天下諸書對不同。

（自解）雌雄。即玄空三大卦中陰陽之別名。言變化無常。五土龍神。隨氣運行。有訣無書。從何對之。（其訣者何）。即先以分率尺。證明造羅經。分新舊度。陰陽成卦。九運巒頭。三卦理氣。格龍。對天地人以撥砂點穴。分星體下羅經。挨坐向水口之旺氣到宮。熟識秘傳疑龍撼龍經。心眼法要上下卷。次。用工部尺。起卦。明山圖形式。走水墓口。子孫堂子孫基潤窄。墳手長短。放水光盤基盤。三。用量天尺。明立碑高低出入。四。明塟法。秘傳草根之學。分土眞僞方向。深淺厚薄色澤。吞吐浮沉。陰宅。認龍脉知有好地。識星體知結穴。調天星好立向。明玄空趨吉避凶。陽宅。必挨以玄空大卦。認其隨水來龍。分脉入氣。立向配線消納。以河洛理數定交媾。以三元圖位察氣運。以九宮紫白定飛佈。以流年入中宮察輪值。內六事。如門戶井灶房床之類。以坐山論。外六事。如橋樑寺塔亭樓之類。以龍局論。內六事。專用天星飛佈輪值各例。外六事。兼用八門挨星。九星調遞。四一同宮。犯師煞師等件。陰陽成卦。分三般兩片。下卦起星。爲各書所無。如何對得同也（夫地理之書。）汗牛充棟。獨此看雌雄之一法。不肯筆之於書。先賢口口相傳。間世一出。蓋自管郭以來。古今知者不能幾人。旣非聰明智巧。可能推測。又豈閎覽博物。所得與聞。會者。一言立曉。不知者。累牘難明。若欲向書卷中求之。更河漢矣。故曰。天下諸書對不同也。

○俗造量天尺。一寸麒麟吉。二寸天獄凶。三寸鳳凰吉。四寸屠煞凶。五寸龍殺凶。六寸虎殺凶。七寸章光吉。八寸地虎凶。九寸玉堂吉。一尺喪門凶。又以一丈三尺爲鳳凰吉。一丈七尺爲章光吉之類非。又按步數。每步用週天尺。一尺五寸爲一步。凡墳宅天井拜臺羅城走路各等。以沖射生進爲妙。一步青龍。三步玉堂。五步金匱。七步金堂。九步發福。十一步官星。均吉。二步朱雀。四步五鬼。六步橫禍。八步爭鬬。十步疾病。十二步官非。均主凶。皆非。

先。看金龍。動。不動。次。察血脈。認來龍。

（自解）先看。卽先以本山坐向線度。陰。陽成卦。看其動爻如何。以分金木水火土龍。飛佈到宮。金乃乾天。龍乃當元旺氣。動不動者。假如巨運。飛巨門到不到坐向也。血脉。是坐向所得玄空三大卦。認來龍。認卦氣。分金分土等線。應用上中下三爻。所動之血脉也。認來龍。卽認當元旺氣。如二黑管局。飛佈得巨門到坐到向到水。亦山管山分水管水。山上龍神不下水。水裏龍神不上山。卽此意也(俗註)。以辰戌丑未。爲四金惡煞。爲金龍者非

龍。分兩片。陰。陽取。水。對三叉。細認跡(踪)。

自解。龍分兩片。爲無定名之父母卦。生出三般。是一四二。爲有定名之父母卦。小畜之巽。初之陽爻。子一片陽水龍。動出丑兩片陰土龍。是爲龍分兩片。陰陽取。取丑陰龍與子陽龍相合。丑土尅子水。爲尅入。經曰。天開於子。子水龍爲天一片。陽一片。順一片。空一片。五運。子下起子。排去。全憑排到生旺。去其衰死。地闢於丑。丑土龍爲地一片。陰一片。逆一片。實一片。五運。丑下起丑挨去。兼憑眼力。趨生棄死。去背就面。再以坐向線度。陰從二四起卦。陽從刀一起卦。如上元首運。子山午向。子下起乾。午下起子。巽上有峰起午。坤上有水起酉。水卽當元旺水。對三叉爲城門。則山有起頂過峽。束咽到頭爲城門。水有來去屈曲。分枝分派爲城門。細認踪。卽子字出脉子字尋。莫教錯作丑與壬。細認定乾。午。巽。卯。坤。午。艮。酉。運運尋去。排挨均得旺龍之眞踪跡

也。○經曰。不知變易。但知不易。九星八卦皆空。不識三般。那識兩片。凡屬五行盡錯。卽此意也。(俗註。)以兩片爲左旋右旋。以三叉爲生旺墓非。

江南龍。來江北望。江西龍。去望江東。

(自解)龍。卽當元旺運之五七龍神。以戊已鎭中央。而隨氣運行者也。江南龍。卽下元離運。其龍神在江北。江西。下元兌運。亦在江東。(俗註。)江南江北共一父母。江西江東共一父母。兩卦之中。互相立向者非。

是以聖人卜河洛。纏澗二水交華嵩。相其陰陽觀流泉。卜年卜世宅都宮。

(此卽)周公卜洛之事。以證地理之道。惟在察血脈。認來龍。認卦氣。聖人建都邑。不言華嵩之脉絡。而言纏澗之相交。則知所認之來龍。認之以纏澗也。又引公劉遷豳。相陰陽。觀流泉。合而觀之。見聖人作法。千古一揆也。

晉世景純傳此術。演經立義出玄空。朱雀發源生旺氣。一一講說開愚蒙。

(推原)玄空大卦。不始於楊公。蓋郭景純先得青囊之秘。演而立之。直追周公制作之精意者也。乃其義不過欲朱雀發源。得生旺之氣。諸福卽至。發源失生旺氣。禍不旋踵矣。景純當日以此開喻愚蒙。其如愚蒙之領會者少也○俗註。龍取生旺之氣於穴中。水取生旺之氣於穴前。又指氣之生旺。爲長生帝旺。墓庫台三义者非。

一生二兮二生三。三生萬物是玄關。山管山兮水管水。此是陰陽不待言。

(自解)元運卦爲一。父母卦爲二。子息卦爲三。三生萬物。卽陰陽成玄空大卦。動爻之玄關也。管山管水。則挨山之旺氣到山。水之旺氣到水。陰陽五行。推其順逆生死。一一挨去。故曰。陰陽不待言也。(俗註。)生旺墓三合。爲玄關者非。

識得陰陽玄妙理。知其衰旺生與死。不問坐山與來水。但逢死氣皆無取。

(自解)識得陰卦震之坤。陽卦爲乾。玄妙理。指三般一三五。爲有定名之父母卦。大壯之泰。排挨九紫八白。到坐山向水。得元運生旺則吉。但逢失運死氣。挨到坐山向水。則凶

○豈俗師所傳。龍上五行收山。向上五行收水。順逆長生之說。所能按圖索驥者乎。

先天。羅經。十二支。後天。再用干與維。八干。四維。輔支位。
子母公孫同此推。

(自解)先天。指河圖。後天。指洛書。羅經。假如同治三年。上元甲子。一白坎運起造。新尺。艮正箕刀度末。老斗六度刀。光緒十年。甲申。二黑坤運起造。新尺。艮正箕刀度中。老斗五度末。光緒三十年。甲辰。三碧震運起造。新尺。艮正箕刀度刀。老斗五度中。民國十三年。中元甲子。首運。四綠巽起造。新尺。艮正尾十四度末。老斗五度刀。線爲例。以分率尺量合爲的。此節。雖非言羅經制造之法。然羅經錯誤。吉凶全非。眼法錯誤。點穴全非。必要傳心。明製造羅經新尺。二十八宿分勻。共三百六十度。箕共九度。斗二十四度。牛八度。女十一度。虛十度。危二十一度。室十五度。壁十三度。奎十二度。婁十三度。胃十二度。昴九度。畢十六度。觜刀度。參十度。井三十一度。鬼四度。柳十七度。星九度。張十八度。翌十七度。軫十三度。角十一度。亢十度。氐十八度。房五度。心八度。尾十五度。推算上元首運。雌雄交媾。爲子乾午子。中元首運。爲子午午艮。下元首運。爲子卯午坤。乃明雌與雄。交會合玄空。雄與雌。玄空卦內推之玄關。決無陰差陽錯。龜甲空亡之弊。必要傳眼。認龍脉知有好地。格龍對定天地人。陰陽二宅。坐向線度。收山出煞。屋層多少。安碑出入。水口來去。撥砂收水。以羅經新尺。一三五。二四六。起三般。玄空大卦有定名。分兩片。知挨星衰旺生死之作用耳。十二地支。八干四維。秘五黃也。戊己從何着想。必要子脉尋子。輔支位。卽言八運。玄空大卦所倚之陰陽。子母公孫。同時推出。用飛佈武到坎之法。以斷吉凶。（俗註。）子寅辰。乾丙乙。一龍。爲公。午申戌。坤辛壬。二龍。爲母。卯巳丑。艮庚丁。三龍。爲子。酉亥未。巽癸甲。四龍。爲孫者非。

茲將舊尺造成羅經分三百六十六度以斷吉凶自解

民國十三年。中元甲子。首運。四象巽起造。舊尺。艮正老斗五度刀線爲例。斗二十二度太。牛七度。女十一度。虛九度少。危十六度。室十八度少。壁九度。奎十八度。婁十二度太。胃十五度少。昴十一度。畢十六度半。觜一度。參九度半。井三十度少。鬼二度半。柳十三度半。星六度太。張十七度太。翼二十度少。軫十八度太。角十二度太。亢九度太。氐十六度少。房五度太。心六度。尾十八度。箕九度半。共三百五十七度半。少六度。分率尺計得二度。太八度。分率尺計得六度半。三共。三百六十六度。

以分率尺兼用量天尺工部尺造四運羅經吉殺等度自解

	殺	丫	吉	滿	空	凶	亡
(乾)	二	無	八	二	二	一	無
(亥)	二	一	七	二	二	無	一
(壬)	四	無	六	三	一	無	一半度
(子)	五	一	六	一	一	無	半度
(癸)	三	無	五	六	無	一	半度
(丑)	二	一	六	四	二	無	半度
(巽)	四	無	四	二	四	無	一半度
(巳)	二	一	七	三	一	無	一
(丙)	四	無	六	二	三	無	無
(午)	二	一	七度	二	一	無	二

- 乾至辰一百八十二度半
- 巽至戌一百八十三度半
- 二十四宮計殺線
- 共丫線七十四度
- 共吉線一十一度
- 一百卅一度滿線
- 共計空線七十度
- 共凶線五十三度
- 總共計亡線六度

	殺	丫	吉	滿	空	凶	亡
(艮)	二	無	六	一	三	一	一半度
(寅)	六	無	二	二	五	無	半度
(甲)	二	無	五	四	三	一	無
(卯)	二半度	一	六	一	三	無	一
(乙)	五半度	無	五	一	一	一	一
(辰)	二	一	五	五	一	無	半度
(坤)	二	無	四	六	三	無	無
(申)	四	一	三半度	二	一	無	二
(庚)	四	無	四	五	一	無	無
(酉)	二	一	五	三	二	無	一

(丁)四無半六度無四無一　共二十一度餘運宜類推　(辛)二無九二無一半|度

(未)四一三五一無一　(戌)二一四三四無半|度

(公開。)一運起造。新尺。艮正箕刀度末。爲吉線。二運。箕刀度中。亦吉線。三運。箕刀度刀。又吉線。四運。尾十四度末。爲滿線。爲例。

楊盤寫紅黑字太度少度蔣盤寫紅黑字刀度一度自解

新舊尺共造羅經。俗云。楊蔣合盤。二十四山紅黑字。楊盤寫納甲。其太度少度。是祕傳看雌雄之一法。蔣盤寫五運。即八卦祇有一卦通之五土龍神。亦是祕傳看雌雄之一法。蔣公恐人不識三般。那識兩片。必不知太度少度用法。況二十八宿。度非勻分。每度太。祇得九分九太一八七。每度少。祇得九分九太六六六六。用以格龍撥砂。挨星順逆。水口來去。陰陽二宅。立向消納。以新尺。陽從一三五。陰從二四六。分天地人。起三般。玄空大卦。乃有定名。動出兩片。認金龍。認子息。生入尅入。生出尅出。以斷吉凶。蔣公致世苦心。恐人誤會太度少度。刀線起卦之法。是以分勻三百六十度。又怕洩漏看雌雄之握要。至傳非人。以造天譴。不肯筆之於書。則寫刀度一度。必要傳心傳眼。與分率尺。量天尺。工部尺用法。福緣遇此。毋輕洩云。

四運格龍疑龍撼龍自解餘可類推

以河南息壤山穴爲法。天元龍。疑龍。子癸午丁。撼龍。卯乙酉辛。地元龍。疑龍。辰戌丑未。撼龍。甲庚丙壬。人元龍。疑龍。寅申巳亥。撼龍。乙辛丁癸。第一節龍。對天格。壬丙子午。新虛一度中。向柳十四度中。得三般。二七三。玄空大卦。兌之隨。二神寅卯比和。爲木龍。木龍庚寅龍神。由火龍變來。第二節龍。對地格。丑未癸丁。新斗十度刀。向井十五度刀。過龍入氣。丑未。混入地元龍神。寅卯變卯寅。爲反吟。三般。四五三。大卦益之中孚。反吟爲疑龍。要向辰戌。乙辛撼龍。得新壁十度末。向軫九度刀。三般。四四二。大卦益之觀。爲土龍。第三節龍。對人格。癸丁子午。新牛一度。向井三十度中。三般。一七二。大卦夬之大過。爲土龍。到頭龍。吉穴。子午癸丁。新牛四度。向鬼二度末。三般。七八三。大卦艮之蠱。爲水龍。即三節不亂是眞龍也。

看山諳誠要訣眼法摘錄列后　廣東新會李思白自解

先看天心十道。天心指正運。十道旺氣也。遠近前後左右向背。八字落脉。格龍對定天地人。尋龍過氣。認龍生死。三節。木土金不亂。乃是眞龍。再證其星辰眞假。乳鉗窩凸。

牛角蟬翼有無。堂水朝聚盡之矣。近看落脉後腦。遠看入首龍意。近看前唇出脉。左右牛角龍虎內堂。遠看四維城廓砂水朝應。零正無借爲的。餘可類推。

尋龍二十不看訣

一、不看來龍後山破爛。及巒頭無情。

來龍不起伏。左右不朝聚。落脉不分明。星辰不開面。穴高在山頂。三陽空散蕩。便不結穴。須向其情意結聚處。起祖處尋穴。並後龍止伏。咽喉若斷若連處求穴。堂水合量天尺上堂爲的。

二、不看左右空缺。

貼身左右無遮閉。及龍虎缺凹。必無鉗唇窩腦。便非眞結。須向其左右廻護障空。藏風聚氣。堂水合量天尺上堂。方爲的穴。

三、不看水走砂飛。

不藏風得水。非眞結也。須向其砂水朝聚處尋穴。此節論明堂可否爲最要。凡結穴。多在逆水逆砂。水聚砂廻處。爲眞結穴。

四、不看下手無關。

下手最宜緊關。以閉明堂之氣。若水口陷。城門缺。必見飛走。眼角。分身。鴨背等水。便非結穴。須向下手緊關處求穴爲要。

五、不看死氣冷窩。

無鉗唇窩腦。水無分合。決非眞氣。須擇落脉生動。及乳鉗窩凸明白處求穴。凡落脉無大小八字。不吐唇。決是死脉。宜愼下。

六、不看鎗尖。竿硬。鼠尾。

煞最重。最凶。不宜立穴。穴中見之。尙恐不結。須向藏風無煞處求穴。承取旺氣。指玄空大卦。合龍合向合水。水合三吉位也。

七、不看山水直牽直射。

此亦忌。煞也。若悞下。立見退敗。須向山水朝聚環拱處立穴。

八、不看龍虎左右高壓。

龍虎短。則無收藏。龍虎長。則內氣走洩。近而壓穴。高而壓穴。並不吉也。須向高低遠近相稱。合玄空卦氣。開搀有情處立穴。

九、不看穴前內堂無收。斜側傾瀉。

內堂傾瀉。高山更忌。傾瀉無收。內氣不聚。要向恰好處求穴。

十、不看前山背反雜亂。

前山背亂。則無情意。後山冽亂。必有煞水冲背。定非結穴。要向前山對面有情朝拱。得水量度上堂。後托環抱。隨龍水合襟處立穴。如胆大安葬。不合玄空卦氣。葬後必出忤逆淫盜之應。

十一、不看形孤穴露。

言龍氣單弱。孤山無護。或立穴高露。無藏聚也。要向左右環抱。龍虎包羅藏聚處求穴。並中間端縮處求穴。或中龍而左右包護。騎龍斬關。而將前山作案。或後有卦氣三吉排山處求穴。

十二、不看海濶天空。

言束咽散漫。明堂放蕩。三堂無收。穴不深藏。難以容受。要向藏風得水。合玄空卦氣。龍虎左右朝聚處求穴。否則山水不稱。海大穴小。名爲陽水蓋面。立敗絕嗣。與人種福者。不可不慎。

十三、不看前後。並全山傷損。惡石雜亂。

言傷了氣脉形局。永被風吹。損爛崩紅。縱玄空大卦三吉六秀齊到。葬後。必出癲疾瘋顚秃髮不孝之應。左右見之並忌。

十四、不看窮源僻塢。

言老龍不發嫩枝。砂石粗頑。順水直牽無盖砂。否則來短去長。皆不吉。宜向嫩龍脫煞處。砂水合聚。承龍納氣得宜處求穴。

十五、不看破彔文廉洞中。巉岩惡石。

言少過峽狡換。石紋向下。石煞難洩。星辰粗鄙。亂石之下。不宜安塟。如穿帳過峽。明堂濶聚環抱。石中土穴。合龍向水乃吉。

十六、不看流泉滴瀝。

格龍對定天地人。三節不亂。惟氣脉不鍾。流泉滴瀝。不宜立穴。

十七、不看開牙露爪。

言四應醜惡。總不臣伏本山。得龍得局。定非結穴。切不可塟。

十八、不看坐井觀天。

言堂局窄狹。高山迫壓。宜向開陽開面寬平處求穴。若不迫壓。小開陽亦結小穴。經云。一枝一葉山龍眞。一勾一曲水龍神。肉眼只嫌結局小。個中生意滿乾坤。可悟。

十九、不看上緊下寬。前緊後寬。

言水來之方緊迫。水去之方寬濶。無關聚也。須向天門開。地戸閉。合玄空大卦處求穴。而堂氣泄瀉。必破財損丁。切勿安葬。

二十、不看前高後低。

前案高壓。主弱賓强也。要得坐滿朝空吉線。又合玄空三大卦。得龍得局。合向合水。水合三吉位。亦可下。要案山齊眉爲吉。

尋龍十要看訣

第一、看龍祖宗。

經云。認龍脉知有好地。識星體知結穴。調天星好立向。明玄空趨吉避凶。要分清穿帳過峽。陰陽動靜生死。用蓋粘倚撞四法。點穴於窩鉗乳凸之中。葬得吞浮沉之法。碑明大小出入之要。山圈濶窄。務合玄空大卦之證。三卦五煞。並無差錯空亡之弊。細心推測。爲前師所深諳誠也。龍有太祖傳少祖。祖又傳祖。愈多愈妙。須聳拔。須端秀。須肥厚。開陽開面吐唇。案托重重。三陽俱備。其全龍或逆水而上爲妙。或大幹中出者爲佳。或幹中幹。幹中枝。枝中枝。枝中幹。俱可作穴。必要不亂。節節分清。皆合玄空大卦方吉。最忌孤露單行。崚嶒瘦弱。起不能伏。伏不能起。此皆奴僕賤龍。鮮有結地。凡龍多祖多結近穴。細心辨認爲要。

第二、看龍過峽。

大峽小峽。遠峽近峽。或穿帳過峽。或穿田渡澗層層拱護。左右峽從。或日月伴峽。或帶印星。或帶倉庫。出帳貴人。前迎後送。五星歸垣。五星聚港。至貴之峽也。穿帳愈多。龍愈秀嫩。更看過峽起腦。八字重重。大頓大跌。大起大伏。中脉過峽爲上。傍脉無峽者次之。起脊過脉者爲上。平地無脉者次之。更宜對定天地人。格龍到頭入首。三節不亂。大斷一線。穿脉者爲上。蜂腰鶴膝者次之。生動委曲者爲上。平緩無力者次之。起腦振翅。穿峽中出。或如王字。工字。或貴人。或串珠三台。或主腦三台。或串珠多少。俱成貴格。必有大結穴。過峽最忌風吹。無夾耳。孤行無伴。峽前頑石樹木。宜疑龍撼龍。又內堂傾瀉。案山迫狹。堂氣散蕩。水不上堂。鮮有結地。龍不虛斷。大斷。必結初落。中落。末落。俱有穴隱於其中。合卦氣爲的。

第三、看本山星辰尊重。

經云。識星體知結穴。五星。金木水火土。太陽金水。或太陰金水。貪狼木。紫炁木。御屏土。天財土。誥軸土。泓天水。文曲水。猪腰金。右弼金。金薄金。劍鋒金。扇面金。金頭木脚。即架上金盤。木頭金脚。名倒放响鈴。或星曜正體。或星曜變爲土角流金。土腹藏金。孖金。疊金。大金抱小金。太陽金。太陰金。金星開口。垂乳。取水。

水窩。水摺。金星火嘴。火眼。此變星變曜等等。其餘木水火土。統要得明師傳授。站立地方參觀。登山格龍尋穴。歷練多年。然後再分其星體形質。以玄空大卦相其天元。即天元。地元。人元。合玄空三天卦方的。審其開面開懷。左右開翼。端正秀麗。案托朝應。乃能結穴。若其巒頭斜歪。穴立高露。無盤撐鬼尾。山脚無陰砂纏繞。隨水背走。無三吉六秀。有零無正。少有結地。最宜慎下。

第四、看山頭主從。

言四應開懷。指前後左右也。龍虎拱護。城廓週密。不迫不曠。砂廻水聚。無零有正。指得運也。定必結穴。若犯凹缺風吹。少有結地。正聚正求。側聚側求。順結逆結。要看大勢朝對。龍虎包護。用量天尺。量得堂水上堂。挨星水用逆。星用順。以枕頂貫唇爲據。

第五、看星審定穴情。

須得眞傳。明五星。九曜。正體。變體。如何分別。並正坐卧三勢。如何點穴。再審其巒頭八字。正頂。及腦中落脉。情意如何作用。並步取後龍情意如何。乃能法合。或左右龍虎情意如何。乃能護衛。看取穴情歸於何處。必要形與氣合。或高。低。中。左。右。乳鉗窩凸。或結山頂。山埡。曲腕。脟唇。及上下分台否。開口吐唇否。左右看有牛角蟬翼否。下手環抱收住否。上證來脉。下證出脉。左右看護脉。而天心十道。各等明白。以定正穴。凡結穴不拘大小。須要恰可。上下左右。移易尺寸不得。挨得正神。形理兼備爲的。

第六、看穴內明堂。

其結穴處。必要或有大小明堂。乃得其眞穴。就看龍虎內。穴前明堂。傾瀉。斜側。飛走。前水直牽直冲。左右缺陷。上緊下寬。前緊後寬。城門有零無正。縱然結穴。亦屬虛假。須在左右環抱。砂交水聚。穴前不見去水更妙。正神百步。乃稱眞結。正聚正結。側聚側結。高低亦然。合四應求之可也。四應。以形論。前後左右。以氣言。生旺衰死。坐向。以形論。左長。右二。中間三。若以氣言。用挨星飛佈。挨武到坎之法。爲長房。隔向一神。仲子當之類爲是。

第七、看穴前朝應。

其結穴處。必有小明堂。已得其眞。有眞龍。必有眞應。近案遠朝。要開懷拜伏。齊眉應心。如婦之從夫。奴之事主。所以收龍虎內堂之水也。遠者。亦要端秀開拱。如臣之面君。賓之會主。務使情意相孚。所以收龍虎外堂之水也。其間或有遠朝。對面無案者。亦必要砂橫水橫。蓋龍因界水而止也。又或有眞龍結穴。而無案者。又必逆砂逆水。

盖水去則風來。水來則氣聚。藏風聚氣得水。斯爲眞穴。朝山若高。愈遠愈秀。重疊數層。左右環抱尤妙。

第八、看穴內大明堂。

大明堂。在龍虎外面。遠者。即外三陽也。內堂融結。的稱眞結穴。要堂局寬平。乃能持久。但恐內堂窄狹。迫壓不舒。又或外見大堂空曠無際。有丁無財。有財無丁。貴而不富。終屬小結。不能大發。否亦代興代衰。須詳看大明堂。四圍包裹。層層拱護。砂水大聚。三陽俱備。即玄空大卦挨到一六八也。形氣交孚。方稱大地。

已上八條看法。形氣俱備。須明陰陽相見之理。勿泥羅經之紅黑字爲陰陽。以及黃泉八煞。八大長生。雙山三台爲要。註云。四個黃泉能殺人。四個黃泉能救人。並未如玄空說明。能殺人。救人。可知一行僞造也。下二條審愼。要合玄空爲的。

第九、定穴後。再三審詳。復看來龍。起伏。起止。旺弱。

形氣星體。穴情隱顯。前官後鬼。結頂落脉生死。穴中左右。水口零正。捍門尊卑。四面山水聚散如何。坐向線度。合玄空三卦五氣否。以別眞僞。爲人種福者。必要良心當中。盡力爲之可也。

第十、復詳看來龍。起祖。過脉。貴賤。四面明暗。遠近向背。山水雌雄交會。以及水口零正。捍門尊卑。以別所結之穴。大小悠久。

已上八條分言。此二條。乃一以貫之。切勿悞用。呆宮呆度也。

尋山定穴要訣

尋山定穴。不外三卦五氣。盖三卦。天卦。收山格龍出殺。人卦。到頭立向。地卦。安碑放水收水。五氣者。龍以動氣。如一白坎運。調遞一白當元旺氣。到坐向水。如乾山乾向水流乾。乾峰出狀元。指六運之類是也。脉以生氣。砂以衞氣。向以納氣。水以止氣。數者不可失一也。三卦五氣俱備。尙防假穴。何也。如天地人三卦。雖生入尅入。又防三卦。相冲世應動爻。財丁山命是也。必無差錯相冲之弊。然後定穴。上證於來龍天卦爲分木線。過峽。起頂落脉。到頭入氣。玄空大卦。及本山星體零正。中證於枕頂貫唇。人卦立向。爲分火線。蝦鬚牛角。蟬翼分合。鉗唇窩腦。左右證於龍虎僕從。護衞眞假。下證於內外大小明堂。地卦收水。爲分水線等。生入尅入。以及遠近朝應樂纏。水口零正。捍門尊卑。必須形氣交孚。穴法。則藏風聚氣。當元得水。定必發福無疆。

尋山十四要訣

一、認龍脉知有好地。法有四。龍脉砂水也。即龍以動氣等。

二、識星體知結穴。法有四。蓋粘倚撞也。卽點穴於正腦化陽等。

三、調天星好立向。法有四。丁財貴壽也。卽相冲生尅之謂。

四、明玄空趨吉避凶。法有四。生旺衰死。卽挨星生旺衰死

五、天門開。地戶閉。水來多去少。上濶下窄。玄空大卦生入尅入。

六、要華表捍門。遠關水口。要玄空大卦。無零有正。

七、要來龍特達。大頓大跌。中脉起脊。過峽。有夾耳。後纏。後樂。

八、要龍虎蹲踞無零。龍虎相稱。合玄空大卦元運。至緊。

九、要明堂得宜。完聚平正。得宜。謂合當元旺水。必要完聚平正。

十、要案山端朝。開陽開面。不迫不曠。案山。齊肩應心。不走不洩。要合量天尺。

十一、要前官後鬼。左右相應相稱。宜合四應。以形氣求之。

十二、要水神環抱有情。卽形氣交孚。水不背時。本山向合用。

十三、要星辰朝聚穴正稱。如五星聚滙。歸垣。要挨得元運三吉。六秀。

十四、要眷屬循環。論玄空大卦。陰陽相見。卦氣與形氣得失也。

立穴十二要訣

一、要主星形體分明。識星體知結穴。

二、要坐處旺氣豐盈。得玄空大卦。當元旺氣。

三、要穴前毡褥唇員。起腦。八分。枕頂貫唇。要有分合水。

四、要前後左右相稱。合四應求之。形氣交孚。乃吉。

五、要風水動靜相乘。立穴。藏風。聚氣。得水。挨星。水用逆。而星仍用順。方是相乘。

六、要合尖界水在前。收得當元旺水。與金魚水。合襟水。

七、要龍虎高低相稱。龍虎拱護。以量天尺量之。要合坐向卦氣。餘可類推。

八、要前案後樂相應。有纏有應。有訣無書。如幸得傳心傳眼。更妙。

九、要乘借合用無差。有龍。有氣。有水。合龍。合向。合水。要合元運。方爲乘借無差。

十、要算城門所得零正。調遞玄空卦氣。挨星生旺衰死。到城門。

十一、要內外明堂。寬聚不傾。無零有正。如一白坎運。調遞貪狼到坐向水。

十二、要明立穴動靜。山水大小相稱。坐向。穴法。立線。要合分率。工部。量天尺。

立穴十不嫌要訣

亦要有龍。有氣。有水。合龍。合向。合水。方吉。種福者。切勿錯悞。

一、平洋。不嫌風到。二、水口緊關。不嫌高。
三、潮水。逆水。不嫌傾。四、順流之玄。不嫌沉。
五、落脉峻急。不嫌脫。六、落氣平緩。不嫌呑。
七、罡曜星辰。不嫌關。八、形勢露者。不嫌藏。
九、開窩結聚。不嫌小巧。十、龍脉真好。不嫌强壯。

立穴十二怕要訣

若有龍。有氣。有水。合龍。合向。合水。又不怕。細心考察。切勿錯認。

一、山谷。怕凹風。參觀風吹鶴眼明結穴。不怕。能以人事補救。合玄空卦氣。不怕。

二、平洋。怕散漫。能以人事。種樹築壩。合工部量天尺。坐滿朝滿。坐向合用。不怕。

三、懶枝。怕粗石。若石紋向上。石中土穴。藏風聚氣得水。合玄空卦氣。不怕。

四、老幹。怕醜惡。無法可治。真正怕。

五、小巧。怕闊。亦無法可治。又可怕。

六、氣厚。怕小。去孤取水能奠。收得玄空三大卦。生氣。旺氣。不怕。

七、水直。怕牽。的確融結。能築壩種樹。橫欄排牙。合玄空卦氣。收水。不怕。

八、明堂。怕散蕩。坐空朝滿吉線。能以人事築墻種樹。以收堂水。合量天尺。不怕。

九、星體破爛。張牙露爪。砂低。無案空曠。穴怕高露。

十、明堂水大怕散蕩。水小不上堂。窄挾乾涸。不聚藏。

十一、龍虎。長。怕直。短。怕寒。

十二、龍虎。高。怕壓。低。怕空。(心眼法要。摘錄已完。)

至於金魚。蝦鬚。蟹眼。分合水。牛角。蟬翼砂。五星。三勢。九曜。外勢。左右砂。四應。上分下合。正脉。墜脉。平脉。漏脉。橫脉等。認氣。定穴。葬法。各書經已公諸同好。恕未多贅。

二十四山分順逆。共成四十八局(有)。五行卽在此中分。祖宗却從陰陽出。陽從左邊團團轉。陰從右路轉相通。有人識得陰陽者。何愁大地不相逢。

(自解)二十四山。天卦。順一局。地卦。逆一局。共四十八局。五行。卽玄空大卦。所得之五行。分父子兄財官。父母卦。子息卦。動爻之五行。而分兩片也。祖宗。係指坐向線度。陰陽出。卽刀一。二四。陰陽成卦。從左。刀一。陽卦起算挨星。從右。二四。陰陽成卦。從左。刀一。陽卦起算挨星。從右。二四。起算陰卦之挨星。取本卦之動爻。看其分金水土線。以生入尅入。陰陽交媾。得元運生旺之氣。而轉相通坐向水口也。有人識得玄空大卦之陰陽。形氣交孚。相逢大地。○(俗註)陽龍左行爲順。陰龍右行爲逆。

陽亥龍左行爲甲木。陰亥龍右行爲乙木之類。皆非。

陽山陽向水流陽。執定此說甚荒唐。陰山陰向水流陰。笑煞拘泥都一般。若能勘破箇中理。妙用本來同一體。陰陽相見兩爲難。一山一水何足言。

(自解)今據淨陰淨陽之說。則陽山必須陽向。而水流陽。陰山陰向。而水流陰。拘泥如此。笑煞人耳。若能勘破箇中理。乃玄空大卦之眞陰眞陽。卽子脉尋子。乾午坤卯。同一體之妙用。非世之所謂淨陰淨陽也。陰陽相見。福祿永貞。如上元首運。子山午向。子下見乾。午下見子也。一山一水。卽中元五運。子山午向。坐起子。向起午。挨廉貞到子到午。山管山。水管水是也。此豈淨陰淨陽之說。據於有形者。所可同年而語哉。

二十四山雙雙起。少有時師通此義。五行分佈二十四。時師此訣何曾記。

(自解)二十四山雙雙起。坐一起。向一起。得數。順一起。逆一起。刀一。二四。雙雙起。陰陽成卦。外見水起水。見山起山。四十八局之雙雙起挨星也。通此義。卽知雙雙起。起卦之義。五行分佈於二十四山。起玄空大卦。看父子兄才官。取其動爻之五行。

時師此訣。何曾記得查天卦之動爻。分木土金線。生入尅入。以挨山之旺氣到山。水之旺氣到水之妙訣。〇（俗註）乾亥爲一。甲卯爲一。丁未爲一之類。釋雙雙起者非。

山上龍神不下水。水裡龍神不上山。用此量山與步水。百里江山一晌間。

（自解）所云龍神。非來龍脉之龍神。是挨星生旺之龍神。如中元首運。坐戌向辰兼乾巽。坐起辰。向起卯。挨文曲令星到坐到向。爲山上龍神不下水。水裏龍神不上山。用此。卽用玄空三大卦。挨到坐向。如下元中運。坐艮向坤。挨星艮下起坤。坤下起艮。左輔應星挨到坐。反挨到向。應挨到向。反挨到坐。爲山上龍神下了水。水裡龍神上了山。用此玄空三大卦。以量山步水。要知水用逆。而星仍用順。則百里江山壹一挨去。量其得失。斷其吉凶。一以貫之。〇（俗註）論山。用雙山五行。從地卦查來龍入首。論水。用三合五行。從大卦查水神去來者非。〇（又有一說）每元只得二卦。一爲山上龍神。一爲水上龍神。試以四運而論。以八卦挨星。艮爲文曲當元之星。蠱卦爲山上龍神。漸卦爲水上龍神。此說。四運當元之山上龍神。水上龍神。只此二卦。不知順逆排挨。調遞六十四卦之動爻。陰陽五行。到山到水。四十八局。各有各龍神。或上山。或下水。或山管山。水管水。知此挨星訣。量山步水。乃能與玄空二字之意相。合也。

更有凈陰凈陽法。前後八尺不宜雜。斜正受來陰陽取。氣乘生旺方無殺。來山起頂須要知

○三節四節不須拘。只要龍神生得旺。陰陽却與穴中殊。

(自解)天卦陰陽。合元運正配爲淨。前後八尺。格龍到頭之玄空大卦。不宜生出剋出。斜正。斜失運。正得受來脉。陰陽成卦。取其動爻。斷吉凶。氣乘。挨八方生旺氣到。乃無殺。來山出脉起頂格龍。對正天地人下羅經。須要知過金氣生水氣。以生一二三四節龍。不拘多少節數。均此類推。只要龍神。不上山。不下水。生得當元旺氣。格龍與坐向卦氣不同。即坐下生向上。向上生水口之陰陽。却與穴中殊也。○(俗註)以左旋右旋。順逆。爲陰陽者非。

天上星辰似織羅。水交三八要相過。水發城門須要會。却如湖裡雁交鵞

(自解)天下星辰。言玄空大卦之挨星。已往的。將來的。如天象經緯。似織綾羅。喻水法之美也。水交三八二十四山。要相其過來之卦氣。兩水交會。合成三义而出。所謂城門。水從左右來去。挨星生旺相交有情。如鵝雁之一往一來也。此詳言水龍審脉之法。而立穴之妙。在其中矣。

富貴貧賤是水神。水是山家血脉精。山靜水動晝夜定。水主財祿山人了。乾坤艮巽號御街。四大尊神在內排。生剋須憑五行佈。要識。天機玄妙處。乾坤艮巽水長流。吉神先入家豪富。

（自解）是水神。卽向首水上挨得之星。生坐上。發富貴。生水口。主貧賤。水所以止氣。融會山之血脉而爲精神。山靜水動。以玄空大卦陰陽定求之。水主財祿。挨星生水口少財。山主人丁。坐下生向上。少人丁。乾坤艮巽。如六運八運。天卦地卦會合水裡。號曰御街。四大尊神。卽生旺洩殺。在六運內。安排於乾坤艮巽之水中。生尅須憑父子兄財官之動爻。水火木金土五行以飛佈。而斷吉凶。要識元運卦氣。挨星入中之玄妙。乾坤艮巽。在六運八運。秀美之長流水。吉神先入。調旺氣先行到向到水。主管財祿。先家豪富。後發丁貴也。◯（俗註）論水神。乙辛丁癸爲小神。甲庚丙壬爲中神。乾坤艮巽爲大神。皆非。

請驗一家舊日墳。十墳埋下九墳貧。惟有一墳能發福。去水來山盡合情。

（自解）一墳發福。去水來山。皆合玄空大卦。挨星。三卦五氣之情也。三卦。天卦收山出殺。人卦立向。地卦收水。五氣。龍以動氣。脉以生氣。向以納氣。砂以衛氣。水以止氣。皆要排挨到當元旺氣。合分率尺。量天尺。工部尺。爲的。

宗廟本是陰陽元。得四失六難爲全。三才六建雖爲妙。得三失五盡爲偏。蓋因一行擾外國。遂把五行顚倒編。以訛傳訛竟不明。所以禍福爲胡亂。

（自解）宗廟五行。是唐一行僞造。玄空挨星。生旺元運之陰陽。得四。卦氣生入尅入少。失六。卦氣生出尅出多。雖爲全龍。三才。卽一六八。六建。卽六秀。兩個三陽也。得三卦。失五氣。盡爲偏。不得正運旺氣。盖因一行。欲擾外國。顚倒以編陰陽五行。訛以傳訛。竟不明看雌雄之法。禍福胡亂。曾公所以辨之心切也。

青囊奧語　唐楊益筠松譔

廣東新會李思白自解
四男李聖志陶齋同校
四弟李希泮璧持　五弟李希粲煥甫
四川重慶巴縣門人毛夢覺釋非氏較正

坤壬乙。巨門從頭出。艮丙辛。位位是破軍。巽辰亥。盡是武曲位。甲癸申。貪狼一路行。

（自解）坤壬乙。巨門從頭出。指四五六運。艮丙辛。位位是破軍。指三四五運。巽辰亥。盡是武曲位。指五七運。甲癸申。貪狼一路行。指三四五運。坤爲巨之挨星。壬與乙。羅經亦巨門。具見山山向向皆有巨門。特時有挨到。挨不到之分。下倣此。宜活看莫泥。一作呆象。滿盤皆非。〇（俗註）以坤壬乙天干。從申子辰三合。爲水局。故曰。文曲。艮丙辛天干。從寅午戌三合。爲火局。名廉貞之類謬矣。又有云。長生爲貪狼。臨官爲巨門。帝旺爲武曲。坤壬乙一節。乃元運挨星。河圖合十之理。坤壬乙。爲二八合十。壬宮有一觀卦。屬巨門星。坤宮有一升卦。亦巨門星。乙宮有節卦。屬輔星。此局爲雷風相薄。甲癸申。爲一九合十。以甲宮有一離卦。屬貪猖星。癸宮有一益卦。屬右弼星。申宮有未濟卦。亦右弼星。此爲天地定位局。其餘巽辰亥。爲四六合十。爲山澤通氣。艮丙辛。爲三七合十。爲水火不相射局。由此類推。所謂非盡貪狼。而與貪狼爲一例。非盡巨門。而與巨門爲一例者是也。（如此解法。）不明玄空挨星。山山向向皆有巨門。特時有挨到。挨不到之訣。經曰。是破軍。非破軍。通變化。任橫行。可悟。

左爲陽。子癸至亥壬。右爲陰。午丁至巳丙。

（自解）。左爲陽。右爲陰。宜以五運爲比例。陽在左。陰必在右。陰在左。陽必在右。可知陰陽相聯。最宜活看。所以四運。亥壬屬陽。巳丙屬陰。陽在午丁。陰在子癸。指二四七九運。又有陰在午丁。陽在子癸。指一三六八等運。更有陰在午丁。而陰亦在子癸。指五運。翻天倒地。隨氣運行。隨時而在。乃眞玄空之陰陽也。〇（舊註）自子丑至戌亥。左旋爲陽。自午丁至申未。右旋爲陰者非。

雌與雄。交會合玄空。雄與雌。玄空卦內推。

（自解）此節。論玄空大卦。會合天卦地卦。推算山水之眞陰陽。

山與水。須要明此理。水與山。禍福盡相關。

（自解）山與水。坐下一起。向上一起。須要明三般起卦。調遞挨星。之理。水與山。空一片。實一片。玄空大卦。動爻之反吟。伏吟。挨星吉凶。到山到水。禍福具焉。故曰相關。

明玄空。只在五行中。知此法。不須用納甲。

(自解)。明玄空大卦動爻。所得父子兄財官。居何五行之中。排挨生尅公位。知此法。即知起玄空三大卦。挨星斷吉凶之法。用納甲反無證也。〇起玄空三大卦。不傳非人。轉載在地理辨正直解。心眼法要。第一卷。第九篇後。說卦傳。便是九運。玄空三大卦也。必要分九個。順起。一二三四。五。六七八九。均要每以元運入中宮。用九宮掌。中宮飛出乾。順起。八卦。只有五黃一卦。乃能上下相通。明乎此。則讀地理辨正經文句讀。如先看。金龍。動。不動。龍。分兩片。陰。陽取。江南龍。來江北望。識得。陰。陽。玄妙理。八卦只有一卦通。玄空三大卦。由無定名。至有定名。識三般。分兩片。挨星順逆。子乾午子。子午午艮。子卯午坤。爲雌雄交媾之玄關。直解註云。而曰護正龍。即八九一之謂也。可悟。由此門而入。眞會者一言立曉矣。〇(俗註)。納甲。乾坤坎離。陽。震巽艮兌。陰。如此牽强。其非法玄空挨星可知。

顚顚倒。二十四山有珠寶。順逆行。二十四山有火坑。

(自解)顚倒。即翻天倒地之顚倒二十四山。二宅坐向挨星。二運調巨到坐向水。爲坤山坤向水坤流。富貴永無休之珠寶。言得運也。順逆行。陰陽成卦。三運調不得祿到。山上龍神下了水。則失運。爲火坑。〇(俗註)以順爲珠寶。以逆爲火坑非。

認金龍。一經一緯義不窮。動。不動。直待高人施妙用。

(自解)認金龍之三般。是七八一。陰。陽成卦。艮之謙。寅木龍。動出酉金龍。酉金龍。由戊土龍神生出。認定分劍鋒金龍線。一經父母卦。一緯子息卦。一一排挨。生入尅入。如環無端。眞義不窮。動。爲調到旺氣。不動。爲調不到旺氣。必待眞傳人。可推測而施妙用。則去禍爲福矣。

第一義。要識龍身行與止。第二言。龍脉明堂不可偏。第三法。傳送功曹不高壓。第四奇。明堂十字有玄微。第五妙。前後青龍兩相照。第六秘。八國城門鎖正氣。第七奥。要向天心尋十道。第八裁。屈曲流神認去來。第九神。任他平地與青雲。第十眞。若有一缺非眞情。

(自解)第一。要識龍身。即顚倒顚之三般。以起玄空大卦。行。起卦數之始。止。起卦數之終。第二。龍脉明堂。排挨兩般。皆要合元運。偏看便非。第三。傳送功曹。指前後左右護從之別名。高壓者。賓欺主之象也。第四。看明堂十字。挨到天心正運。其形氣之玄微。要合玄空爲的。第五。前官後鬼。環抱開面。排挨得龍神。不上山。不下水。爲兩相照應。第六。八方過峽起頂。束氣入首到頭。立穴有情。得水。山水之城門。均能調到正運旺氣。第七。要向天心正運。細尋十道。以排挨到旺氣言。第八。流神水也。屈曲中求其來去之生旺。排挨到坐向水口。第九。平地水龍。靑雲山龍。第十。如形氣有缺。不能兼而收之。非眞有山情水意之吉地。

明倒杖。卦坐。陰陽。何必想。

(自解)倒杖。言點穴。卦坐。言坐向。看天卦之陰陽。以定吉凶。勿錯認羅經之紅黑字之陰陽。何必着想。楊公當年携杖登山。隨機立穴。後人神其說。僞造十二倒杖法者非。

識掌模。太極分明必有圖

(自解)識以工部尺。由無經緯之無極。測量以成玄空大卦。起三般。分兩片之九宮排挨掌模。以虛爲體。以因爲用。無常勢。無常形。故能無極。太極。立極。爲三極。無物卽無極。無極卽無物。有物自有極。有極自有物。極以物定。物以極生。未生極。先生物。未生物。先生極。方知物物一太極。○(俗註)論土中太極暈非。

知化氣。生尅。制化。須熟記。

(自解)玄空大卦。化成九星之氣。其中分生尅制化。記之宜熟。

說五星。方員尖秀要分明。

(自解)星之方者。爲鎭星。員者。爲金星。尖者。爲熒惑。秀者。爲歲星。論形。必要有龍脉砂水。合龍。合向。合水。形氣交孚。方爲吉地。

曉高低。星峰須辨得玄微。
(自解)遠宜高。近宜低。星峰之玄微審辨。要合量天尺之應。
鬼。與曜。生死去來。眞要妙。
(自解)鬼去曜來。前朝後護。在向。爲生爲來。在坐。爲死爲去。眞要妙。具存玄空大卦中。
向放水。生旺有吉。休囚否。
(自解)放水以下卦起星。中五立極。下羅經。排挨生旺到坐向水。則有吉。如挨到休囚。則吉不到。天地否。
二十四山分五行。知得榮枯死與生。翻天倒地對不同。其中秘密在玄空。認龍立穴要分明。在人仔細辨天心。天心既辨穴何難。但把向中放水看。從外生入名爲進。定知財寶積如山。從內生出名爲退。家內錢財皆盡費。生入尅入名爲旺。子孫高官盡富貴。
(自解)二十四山。分挨星五行。知得挨到旺則榮。衰則枯。已過爲死。將來爲生。翻天天干。倒地地支。對不同。何山順。何山逆。處處不同。其中秘密。在玄空大卦。認金龍。立穴要分挨星。明元運入中。仔細辨天心當元之運。知當元旺運。立穴易發福。向中放水。宜生旺相合。從外生入。排挨水口生向上。向上生坐下。爲生入。名爲進。財寶積如山。若坐下生向上。向上生水口。名爲退。家內錢財皆盡費。挨星。生入尅入名爲旺。子孫高官。富貴隨之。

脉息生旺要知因。龍歇脉寒災禍侵。縱有他山來救助。空勞祿馬護龍行。

(自解)龍脉作息。以挨星測其生旺。要知因何卦而起。龍歇脉寒。挨星不得生旺到。則災禍侵。縱有過往。氣不聚之好龍脉砂水救助。亦空勞祿馬護龍行。不能爲福。誠恐致禍。

勸君再把星辰辨。吉凶禍福如神見。識得此篇眞妙微。又見郭璞再出現。

(自解)勸君將挨星。細查衰旺生死之星辰再辨。而後可趨吉避凶。吉凶禍福如神。調天星。明玄空。可立見。識得玄空挨星妙微之訣。非先師出現。其孰能知之。得眞傳者。永寶用享。

天玉經　唐楊益筠松撰　廣東新會李思白自解

四弟李希泮璧持　五弟李希燊煥甫　四男李聖志陶齋同校
四川重慶府巴縣門人毛夢覺釋非氏較正

內傳上

江東一卦從來吉。八神四個一。江西一卦排龍位。八神四個二。南北八神共一卦。端的應無差。

(自解)江東一卦。上元之三運。四個一。指三運。江西下元兌運。四個二。指七運。所云。八神四個一。八神四個二。各經四位而起父母。爲無定名之父母卦。必知由此父母卦。順排逆挨。到四個一四個二之宮。乃能爲有定名之父母卦。則由此父母卦。出現無定名之子息卦。再由此子息卦。排挨到本宮。乃能得有定名之子息卦。(經曰)父母排來到子息。須去認生尅。(又云)顚顚倒。無定名。夫與婦。各相從。是也。南北八神二卦者。乃江北一卦。所謂江南龍來江北望。不云四個者。此卦突然自起。不必經四位。與東西二卦不同也。南北八神共一卦。指五運。即共此一卦而爲九。以起挨星也。云端的無差。門外人從何知之。〇(俗註)寅至丙爲東卦。申至壬爲西卦。午至坤爲南卦。子至艮爲北卦。南北八神共一卦。無處着想者非。

二十四龍管三卦。莫與時師話。忽然知得便通仙。代代鼓駢闐。

(自解)二十四山旺龍。由三卦所管。一元管三卦。三元管九卦。莫與時師話。起卦天心正運。忽然知得天心。便通仙傳。伐柯執柯。安墳立宅。與造葬時之一卦。相合而生。即爲吉。退而衰。即爲凶。二十四龍。陰陽顛倒。三般。六三二。玄空大卦。解之歸妹。都由此而起。故曰管也。〇(俗註。)丙本南離。而反屬東卦。壬本北坎。反屬西卦。牽強支離。悖理之極。且云四個一者。寅辰丙乙。四個在一龍。四個二者。申戌壬辛四個在二龍。又屬無謂。

天卦江東掌上尋。知了値千金。地畫八卦誰能會。山與水相對。

(自解)天卦江東三運。掌上起挨星。尋天卦之動爻。知了要珍若千金。地畫八卦。地卦之子午卯酉。誰能會天卦之酉卯艮子。山與水相對。江東三運。卯山酉向。子卯互用。能會五十龍神。不上山。不下水。與時相對也。〇(俗註)如天卦。地支。從天干。以論向上水神旺墓。如地卦。天干。從地支。以龍論山水生死非。

父母陰陽仔細尋。前後相兼定。前後相兼兩路看。分定兩邊安。

(自解)父母陰陽仔細尋。排挨之三般。是四三六。爲有定名之父母卦。震之隨。仔細尋動爻之申酉。以二七入中。排挨前後坐向。分陰陽兩路看定。挨星生旺衰死。裝於山上水裡。兼左兼右。分兩邊安。吉則獲吉。凶必見凶也。○(俗註)以前兼後爲天卦。屬向首。後兼前爲地卦。屬龍家。爲兩邊安者非。

卦內八卦不出位。代代人尊貴。向水流歸一路行。到處有聲名。龍行出卦無官貴。不用勞心力。只把天醫福德裝。未解見榮光。

(自解)卦內。八卦之內。有三卦。在三卦之內。挨得旺氣到。爲不出三卦。乃吉。代代尊貴。向與水。挨得。流歸一卦。到處有聲名。發福悠久。龍行出卦。排挨不到旺氣。官貴定無。心力空勞。只把天醫福德裝。巨門武曲在別運。名天醫福德。未解見榮光。言別運挨得巨武到。榮光亦不見。因係一行僞造小遊年卦例。以混挨星之眞者也。世人誤解卦例爲九星五行。必不能獲福也。是以重天卦之不可出。而申言之耳。

倒排父母蔭龍位。山向同流水。十二陰陽一路排。總是卦中來。

(自解)倒排父母之三般。是五六一。爲有定名之父母卦。姤之大過。六爻戌土。動出未土。未坤申。戌乾亥。乾坤爲正配之父母。地在天上而爲泰。排得生旺比和。故曰。倒排以蔭龍位。山向流水。陰十二。陽十二。二十四山。一路顚倒。或順或逆。總是在大卦中。排挨出來。

關天關地定雌雄。富貴此中逢。翻天倒地對不同。秘密在玄空。

(自解)關天干。關地支。分挨星之陰陽成卦。以定動爻。生出尅出。雌雄交媾。生入尅入。中逢富貴。翻天倒地。天干地支。顚倒挨去。爲玄空秘密。若不知起三般。分兩片。如何對得同也。◯(俗註)以辰戌丑未。爲關天關地者非。

三陽水向盡源流。富貴永無休。三陽六秀二神當。立見入朝堂。

(自解)此節三般。三三三。父母卦。豐之大壯。三陽。總而言之。一六八也。一白。爲上元管局。六白。爲中元管局。八白。爲下元管局。(註云)三陽者。丙午丁也。指一運。二運。四運。爲例。宜活看。直解已詳言矣。如能挨到坐向水。三元不敗。富貴不休。六秀。指兩個三陽也。但此節三陽。由父母卦。生出寅午戌三陽。尅入。爲三吉。由子息卦。生出酉丑金。亥未木。尅入。爲六秀。由父母卦二爻。丑土龍神。動出寅木龍神。尅入。爲二神。若當元挨到。三陽。六秀。二神。管局。富貴隨之。◯(俗註)艮丙辛。巽兌丁。爲六秀者非。

水到御街官便至。神童狀元出。印綬若然居水口。御街近台輔。鼕鼕鼓角隨流水。豔豔紅旆貴。

(自解)水到御街。則以玄空大卦。飛佈旺氣於水上。加之美名。即當元旺氣到。則發富貴高官。而出神童狀元。印綬若然居水口。言水口有羅星守門戶。成印綬的形象。此御街。挨得旺水到明堂。近在前後左右。案山砂水朝應。輔弼有情。鼓角流水。喻聲之美者。紅旆貴。指山形水形端肅。如旗鼓貴人祿馬。抱繞入懷。亦皆以象取類應之耳。〇(俗註)乾坤艮巽爲御街。長生前一位爲鼓角。後二位爲紅旗旆皆非。

上按三才並六建。排定陰陽算。下按玉輦捍門流。龍去要回頭。

(自解)從天卦。上按三吉六秀。排挨得失之陰陽。下按地卦。形與氣合。龍要合向。向合水。水合三吉位。玉輦捍門。山水同一例排挨。均得龍神回頭。體用兼收。〇(俗註)以長生諸位爲六建。及玉輦捍門。俱就方位言者非。

六建分明號六龍。名姓達天聰。正山正向流支上。寡夭遭刑杖。

(自解)下二句。緊接上二句而言。六建者。本卦六爻。以一爻而論。一。曰動。二。比和。三。生入。四。尅入。五。生出。六。尅出。爲六建。其餘五爻。可以類推。分明號六龍。亦本卦六爻。動出五十龍神。龍合向。合向要合水。水合三吉位。合祿。合馬。合官星。爲六龍。本卦生旺尋出。當元旺運。五十龍神。爲上好格局。名姓達天聰矣。倘正山正向。本卦支神挨水。子辰流歸本卦。二爻寅。四爻戌。火局。流到四正卦上有水。然此節三般。四八一。合壬子癸一卦。生出父母卦。頤之復。得子息卦。由六爻酉雙陰。配寅雙陽。亥水伏寅木下。流到四爻丑。五爻亥。又丑單陰。配亥雙陽。此水多犯陰陽差錯。不得爲眞夫婦。則有寡天刑杖之憂。餘可類推。〇(前五節)總是辨方位。定吉凶之法。六建三才。二神三吉。丙午巳丙。丙午亦眞夫婦。若巳丙。不得爲眞夫婦

四九

指方位。上下。干支而言。究其所以然。必須天卦地卦合推。體用兼到爲要也。

共路兩神爲夫婦。認取眞神路。仙人。祕密。定陰陽。便是眞龍岡。

(自解)此節。言四陰四陽。一四成卦。分眞夫婦。假夫婦。共路。四陰四陽也。兩神。指得益卦三爻。辰土龍。動到亥水龍。尅出。則辰亥兩龍神。共路爲夫婦。此益卦。由四陰卦。巽卦所產出。是以四爲共路眞龍神。辰屬單陰。亥屬雙陽。爲陰差陽錯。不是眞夫婦。爲眞龍。乃是假夫婦。卽非眞龍。並認取來山來水。兼坐向干支夫婦。是眞是假。故曰。認取眞神路。仙人。指玄空大卦。祕密。指本卦動爻。能相配合。乃得爲眞夫婦。定陰陽。一定要單陰配單陽。雙陰配雙陽。便是眞夫婦。爲眞龍岡。〇(註云)巽巳爲眞夫婦。丙午亦眞夫婦。若已丙則不得爲眞夫婦。可悟認取眞神路也。(指二運爲例。)其他倣此。

陰陽二字看正零。坐向須知病。若遇正神正位裝。撥水入零堂。零堂正向須知好。認取來

山腦。水上排龍點位裝。積穀萬餘倉。

(自解)陰陽二字。指順排逆挨。看得運爲正。失運爲零。坐向挨得背時之星到。須知其病所由來。若遇得運正神。挨到坐向水口之正位。撥水入零堂。言水挨得零神尅入。向得正神生入。零堂正向好自可知。認取來山腦。認明來脉。對着天地人格龍起卦。水上排龍。依坐向水口方位。點裝挨星。如能生入尅入。積穀萬餘倉。乃爲大地無疑矣。

正神百步始成龍。水短便遭凶。零神不問長和短。吉凶不同斷。

(自解)上元山上排龍。得上元水上之正神。以挨來龍。來脉。高山。俱吉。不宜有水。但正神最近以百步。始成龍神。如不滿百步。不成得運龍神。因氣不聚。難以發福。上元水上排龍。得下元山上之零神。排到所臨之地。生入尅入。得水便吉。不論長短遠近。均能發福。斷吉凶之所以不同。

父毋排來到子息。須去認生尅。水上排龍照位分。兄弟更子孫。

(上二句)言山上排龍。下二句。言水上排龍。山上排龍。以山爲龍者也。以主山入首處。挨着五行爲父母。開帳起祖處。挨得五行。爲有定名之子息。水上排龍。以水爲龍者也。水有一處來者。有分枝分瀆。二三處來者。總以照穴有情。有力爲主。衆水排龍之法。排着同元一氣爲兄弟。挨得五吉三星亦爲兄弟。兄弟之左右兩爻。便爲子息。非子父財官之子息也。

二十四山分兩路。認取五行主。龍中交戰水中裝。便是正龍傷。前面若無凶交破。莫斷爲凶禍。凶星看在何公頭。仔細認踪由。

(自解)二十四山分兩路。順一路。逆一路。認取天卦之陰陽五行爲主。龍中交戰。水中龍神。反吟伏吟。挨旺氣不到。便是正運之龍神受傷。前面水上。若無凶煞挨到。切莫斷爲凶禍。凶星看在何公頭。如六白挨公位。老父受殃之類。仔細認踪由。分長中少房。以挨星定吉凶也。◯(俗註)以父母財官爲子息者非。

先定來山後定向。聯珠不相放。須知細覓五行中。富貴結全龍。

(自解)先定來山。後定向。坐先起。向後起。玄空挨星。均得當元旺氣到。坐向水。父母卦。子息卦。宜生宜旺。故曰。聯珠不相放。須知細覓玄空挨星。五行中之吉凶。富貴結全龍。坐向水口。均挨到一六八。三元不敗。富貴不休。此之謂結全龍也。

五行若然翻値向。百年子孫旺。陰陽配合亦同論。富貴此中尋。

(自解)玄空大卦。一水。二火。三木。四金。五土龍神之五行。山上排龍。顛倒挨翻旺氣。値向上。生坐下。山管人丁。百年子孫旺。水上排龍。陰陽配合。翻坐下之旺氣到水上。水管財祿。富貴此中尋。而子孫亦在其中。故曰。亦同論也。

東西父母三般卦。算値千金價。二十四路出高官。緋紫入長安。父母不是未爲好。無官只豪富。

(自解)東西父母。指三七三。革夬三般之卦氣。知此訣者。宜珍若千金。勿傳非人。二十四山。所得陰陽。成卦之動爻眞神路。父母正配。不出三般之內。必出高官緋紫。然卦內。又當問其是卦之父母否。若挨排旺氣出卦。則無顯貴。只得豪富而已。

父母排來看左右。向首分休咎。雙山雙向水零神。富貴永無貧。若遇正神須敗絕。五行當分別。隔向一神仲子當。千萬細推詳。

(自解)來山龍脉。左排右挨。必不能盡屬父母。須兼子息。認定休咎。自向首分出。雙山雙向兼零水。皆生入尅入。永無貧可知。若遇正神須敗絕。即得正神。生出尅出皆凶。當於玄空五行分別之。以補救也。隔向一神仲子當。玄空大卦。飛佈武到坎。隔向一神爲仲子之類。假如上元首運。丙山壬向兼午子。便是隔向一神仲子當。則援以爲例。千萬細推詳。斷非左孟右季之呆法也。〇(丙山壬向兼午子。)丙亦飛一白到向。爲長子。午飛右弼到向。爲仲子。註云。隔向一神。猶在離卦之內。直解云。隔向一神者。帝釋是也。二說均指此也。若時運不同。天心入中。孟仲季三子之位。以玄空三大卦。顚倒挨去。雖愚必明矣。〇(俗術)分房之說。都以左爲長。右爲季。面前爲仲者。論形則是。論氣皆非。

若行公位看順逆。接得方奇特。宮位若來見逆龍。男女失其踪。

(自解)若排挨坐向水口。撥砂收水。父母子息二卦。飛佈武到坎。之公位。看順逆。挨水用逆。而星仍用順。接得。如巨後即祿。祿後即文。挨去接得旺氣。方爲奇特。宮位若來見逆龍。山上水裡左排右挨。如巨運。挨不得巨到。只排挨到弼輔破武逆龍來。爲死氣。逆氣。定應男女失踪也。

更看。父母。下。三吉。三般。卦。第一。

(自解)更看父母下卦。豐之革。得本卦生旺。動出申金酉金。尅卯木。三吉者。中酉卯。比和。進神。合官。爲三吉。三般。指三三六。若不知玄空下卦。顚倒顚起三般。那知顚倒。分出金龍水龍。來一片。住一片之陰陽。起三般。分兩片。要明經文心法。旋轉由乎坎卦之理。是以識三般。爲起卦第一要着。

內傳中

二十四山起八宮。貪巨武輔雄。四邊盡是逃亡穴。下後令人絕。

(二十)四山起八宮。而取貪巨武輔爲四吉。若其說果眞。則宜乎隨手下穴。皆吉地矣。

何以四邊盡是逃亡穴。下後反令人敗絕哉。八宮卦例。以八卦之陰陽。分順逆。並有以六十四卦。每卦分得八卦。定吉凶者。亦非也。

惟有挨星爲最貴。泄漏天機秘。天機若然安在內。家活當富貴。天機若然安在外。家活漸退敗。五星配出九星名。天下任橫行。

(自解)惟有玄空挨星。最爲寶貴。無緣切勿浪泄天機令星之秘。天機言旺氣。安內言挨到。安外言挨不到。假如當元旺氣。排挨到坐向水。家活當富貴。天機若果然安在外。如巨運。挨巨門不到。失運也。家活定退敗。兩不相掩。五星配出九星名。天下任橫行。即分陰陽。定五行。天心動。九宮更。通變化。任橫行。無不響應矣。執定卦例之說者。宜細推之。

干維乾艮巽坤壬。陽順星辰輪。支神。坎震離兌癸。陰卦逆行取。分定陰陽歸兩路。順逆推排去。知生知死亦知貧。留取敎兒孫。

(自解)八干四維之乾艮巽坤壬。陽順星辰輪。指五運。支神。坎震離兌癸。陰卦逆行取。亦指五運。分定陰陽歸兩路。一路論天卦。一路論地卦。亦指五運。順逆推排去。從天卦之順逆推排挨去。知生知死亦知貧。知生。生入尅入。知死。生出尅出。留取起挨星。秘訣中之秘。以敎好兒孫也。此是例言。餘運宜活看。

天。地。父母。三般卦。時師未曾話。玄空大卦神仙說。本是此經訣。不說宗枝但亂傳。開口莫糊言。若還不信此經文。但覆古人墳。

(自解)天地。東西。父母。玄空。換星。名異而實同也。三般卦氣。指二一三。分天之玄空。順排。水澤節。地之玄空。倒排。水雷屯。東西之玄空。順排。革之咸。倒排。萃之比。父母之玄空。順排。逆換。山雷頤。起父母之宗枝。若不從此二一三之三般。便是僞法。然此三般卦訣秘密。貴在心傳。難以言顯。〇(楊公)說到覆古人墳。蓋驗之已往。即可證之將來。深信其一毫無訛耳。

分却東西兩個卦。會者傳天下。學取。仙人。經。一。宗。切莫亂談空。五行。山。下。問來由。入首。便知踪。

(自解)分却坐山向首。東萃。西比。倒排。兩箇卦氣。隨時而在之陰陽也。會得四七五。此三般。起卦之眞訣。可以傳天下。後世。學取仙人此經文。乃知三般。由一入首之宗旨。切莫引喩空談。五行。指玄空父母卦。子息卦。動爻之五行。非金木水火土之五行。亦非父子兄財官之五行。是中五立極卦氣之五行。苟能分得玄空。第一行。用天動。二行。用地動。三行。用人動。四行。用數動。五行。用卦動。用。此五行。卽玄空三大卦。動爻之五行。更非南離北坎之五行也。山。言二十四山。下。下卦起換星々訣。問來由。四十八局。左排右挨來之卦氣。查由何卦生出。入首挨星。如一白坎運。子山午向。坐起乾。向起子。看天卦之衰旺生死。以斷吉凶。是爲入首。便知來踪去跡也。(上而五行卽在此中分。至下而五行長生旺。)條分縷釋。而申明之。計開。　五行卽在此中分。　五行分佈二十四。　生尅須憑五行佈。　遂把五行顛倒編。　只在五行中。　二十四山分五行。　認取五行主。　須知細覓五行中。　五行若然翻値向。五行當分別。　五行山上問來由。　五行位中出一位。　排星仔細看五行。順推五行詳。　逆推論五行。　五行向中藏。　五行長生旺。　以上共十七五行。其訣。明玄空。只在五行中。〇地理辨正一書。深奧難明。非口授心傳。經文句讀。未易詳釋。是以多讀。誠恐不能離句也。

分定子孫十二位。災禍相連値。千災萬禍少人知。尅者論宗枝。

(當世)所用雙山五行之法。呆將二十四山。分作十二位。論陰陽。辨順逆。總由不知顛倒顚。玄空起父母之宗枝也。玄空起父母之宗枝。二十四山。陰陽不一。顚倒無定。隨氣運行。隨時變易。乃是眞玄空。眞陰陽。眞五行。若拘呆法。硬派某干屬陽。某支屬陰。者。斷非知音之輩也。

五行位中出一位。仔細秘中記。假若來龍骨不眞。從此誤千人。

（自解）五行。指起三般。四綠木。六白金。一白水。陽動。陰陽成卦之五行也。位中指旡妄之隨。屬巽位中之卦。其六爻。由戌七龍神。動出未土龍神。生出一位戌土龍神。爲比和。仔細秘中記其生入尅入。生出尅出。以斷吉凶。假如天卦排挨來龍。玄空大卦。動出五土龍神。尅一白坎水龍神。由卦內出卦外。挨星又生出尅出。則是來龍氣骨不眞。必有退財損丁之應。更不知由元運起父母。得子息卦。以補救直達。所誤豈只千人而已哉。

一個排來千百個。莫把星辰錯。龍要合向向合水。水合三吉位。合祿合馬合官星。本卦生旺尋。合凶合吉合祥瑞。何法能趨避。但看太歲是何神。立地見分明。成敗定斷何公位。三合年中是。

（自解）一個排來。由父母排到子息。千百個。一生二。二生三。變化不一。順逆挨去。多少無窮也。莫把星辰錯。錯了挨星。滿盤皆非。龍向水。合三吉。祿馬官星。皆由本卦生旺尋出。吉凶祥瑞。趨避有法。挨星挨到三合公位。太歲是何年何房。成敗立見。三合年中是。如申子辰年。排挨等星。到宮。到坐向。水口。用飛佈武到坎之法。以挨公位。推論可謂微細無遺。

排星仔細看五行。看自何卦生。來星八卦不知踪。八卦九星凶。順逆排來各不同。天卦在其中。

(自解)挨排九星。仔細看元運五行。從坐向水起得何卦生出。來山。排來二十四山。坐向水起八卦。若不知縱橫顛倒。流轉星辰。之眞縱跡。八卦挨到九星。不是當元旺氣。豈非空有耶。順排逆挨。均由顛倒而來。各有元運之不同。如三碧震運山。坐卯向酉。坐起子。向起卯。壬上水來起丑。坤上水去起午。山管人丁。水管財祿。八卦九星。子乾午子。三元順逆排挨。均得當元旺氣。到坐向水。以定吉凶。可知天卦在其中。爲之主宰也。

甲庚丙壬俱屬陽。順推五行詳。乙辛丁癸俱屬陰。逆推論五行。陰陽順逆不同途。須向此中求。九星翻起雌雄異。玄關眞妙處。

(自解)甲庚丙壬。乙辛丁癸。屬陰屬陽。俱指五運。順逆從天卦之陰陽辨別兩途。細向天卦中。求動爻之生尅。而定吉凶。以九星入中翻起。排挨雌雄卽異。識透玄關。陰陽顛倒挨去。乃能爲一山兩用之眞妙處。〇諸俗。甲乙陽木陰木龍者非。

東西二卦眞奇異。須知本向水。本向本水四神奇。代代着緋衣。

(自解)此節三般。三七二一。順排。東西二卦。東排得革卦。西挨得咸卦。爲卯木龍。動出辰土龍。合得當元山水兩用之旺氣。乃眞奇異。須知本向水。卽坤山坤向。水坤流之意。向水四神。排挨向上水上。生旺到。洩煞不到。自無上山下水之患爲奇。緋衣定着於代代。〇（俗註）本向本水。爲純陰純陽。淨陰淨陽。四神。屬乾坤艮巽者皆非。

水流出卦有何全。一代作官員。一折一代爲官祿。二折二代福。三折父母共長流。馬上錦衣遊。馬上斬頭水出卦。一代爲官罷。直山直水去無翻。塲務小官班。

（此節）專言曲水之吉凶。水有一兩曲者。有八九曲者。經云。水曲則氣動。水折則氣活。水法雖以曲爲吉。然曲多則易犯出卦。必須曲曲折折。都在一氣之內。一宮之間。方爲上吉。錦衣云者。蓋言曲而不出之吉也。如一曲一折。便屬零正混淆。陰陽夾雜。即爲出卦。亦有近水清純。遠水雜亂者。亦有遠水清純。而近水錯雜者。亦謂之出卦。自有一代之應驗也。所謂塲務小官者。是言直來直去之應驗也。

內傳下

乾山乾向水朝乾。乾峰出狀元。卯山卯向迎源水。驟富石崇比。午山午向午來堂。大將値邊疆。坤山坤向水坤流。富貴永無休。

（自解）乾山。指六運。假如壬龍。艮山坤向。兼寅申。水來乾庚。出午丁辰。乾甲丁有峰。卯山。指三運。酉龍。戌山辰向。兼辛乙。水來坤。申。出卯丑。午山。指九運。

庚龍。乾山巽向兼戌辰。水來未丙。出艮寅。坤山。指二運。庚龍。乾山巽向。兼亥巳。水來未。出卯乙。子龍。丑山未向。水來庚。出丙。餘可類推。宜活看勿泥。

辨得陰陽兩路行。五星要分明。泥鰍浪裡跳龍門。渤海便翻身。

（辨得）玄空變易之陰陽。辨清玄空變易之陰陽。自曉陰陽。順逆之兩路矣。既識兩路。再辨山上水裡之宜忌。氣運消長之得失。陰水陽山之配合。兼貪兼輔之得宜。自能一甃便與。魚龍變化於頃刻間也。

依得四神為第一。官職無休息。穴中八卦要知情。穴內卦裝清。

（自解）此節承上文。本向本水四神。生旺洩煞而言。依得者。坐兩向兩之挨星。要合玄空挨翻旺氣。均到來龍向水為第一。必獲顯貴。穴中。指。山上龍神裝於坐下。穴內。指水上龍神裝於向上。細細裝清。方知山上得何兩神。水裡得何兩神。如是可得四神之捷訣。亦挨星一物一極也。

要求富貴三般卦。出卦家貧乏。寅申巳亥水來長。五行向中藏。辰戌丑未叩金龍。動得永不窮。若還借庫富後貧。自庫樂長春。

（自解）要求富貴。看父母三般之卦氣。皆生入尅入。出卦。言巨運挨不得巨到。定主家貧乏。寅申巳亥。辰戌丑未。俱屬四維之爻神。五行。即玄空九星五行。叩金龍。向中藏。是言水裡龍神。得與失也。得爲動。又謂自庫。不得。謂出卦。又謂借庫。借庫自庫。不論水之去來。總要得五行生旺之氣。不必拘於庫與不庫也。殊不知借庫。指羅經之辰戌丑未。自庫。指天卦挨星之辰戌丑未。隨氣運行者也。〇（俗註）一見水來。便云立某向。收某方來水。爲長生水到堂。左水到右者。當立陽向。如右水到左者。要立陰向。長生官旺水宜來。衰病死絕水宜去。去處必須辰戌丑未。便爲歸庫。九州一例。中外皆然。深可痛也。

大都星起何方是。五行長生旺。大旆相對起高岡。職位在學堂。捍門官國華表起。山水亦同例。水秀峰奇出大官。四位一般看。

（自解）大都以何方起挨星。則元運入中。排挨爲是。五行。指。大玄空五行。一二三四五。順逆挨去。山上水裡龍神。生生不已。對起高岡。左右功曹。龍虎案托。捍門官國華表所在。下卦起星。有山有水。亦同一例。挨得旺氣到。大官必出。四位一般。試看坐兩向兩。四位一般得旺氣也。

坎離水火中天過。龍墀移帝座。寶蓋鳳閣四維朝。寶殿登龍樓。罡刧吊煞休犯着。四墓多銷鑠。金枝玉葉四孟裝。金廂玉印藏。

（自解）坎離水火。中天過。飛佈一白坎運。子山午向。午龍墀。移子帝座到。寶蓋坤。

鳳閣艮。四維來朝。寶殿巽。龍樓乾。罡刼辰戌。吊煞丑未。失運時休犯着。四墓多銷鑠。即是戌辰未丑。遇衰死。即爲惡曜。金枝巳。玉葉亥。裝於四孟。名非有定。寅金廂。申玉印。星隨氣變而藏也。

帝釋一神定縣府。紫微同八武。倒排父母養龍神。富貴萬餘春。

(自解)帝釋一神。弼星也。定縣府。以尊稱旺氣之星。紫微武曲。八武貪狼。三般。是九六一。同時在乎倒排。爲有定名之父母卦。同人之革。以乾一爲養龍神。共路兩神。挨到未戌。未坤申。戌乾亥。乾坤爲夫婦正配。因地在天上而爲泰。故曰。倒排父母養龍神。陰陽二宅。得此九六一。倒排龍神。不上山。不下水。山管山。水管水。富貴悠久矣。

識得父母三般卦。便是眞神路。北斗七星去打刼。離宮要相合。

(自解)此節三般。是一七九。同時在乎七九順排。加北斗一星。成五動。爲逆挨。其有定名之父母卦。旅之艮。子息卦大過之困以五黃爲眞神路。酉陰龍。排到亥陽龍。金水相生比和。共路兩神。挨到酉亥。酉屬雙陰。亥屬雙陽。酉亥是眞父母。故曰。便是眞神路。北斗。另是一卦。七星酉。爲本卦四之爻神。屬離宮外卦初爻。故曰。北斗七星去打刼。離宮要相合。打卽挨也。刼卽到也。言挨到離宮外卦。五爻未。六爻巳。合四之動爻酉未巳。會成金龍。離宮外卦。五行。得火兄。金才。未戌子息。非生出尅出。又非官煞混淆。要明此北斗隨時中五立極之氣。現時順排逆挨之理。乃能識與離宮相合之訣也。〇（俗註）之僞造大小玄空。此節。指爲八卦只有一卦通。星辰流轉要相逢之理。一與三通。二與四通。七與九通等名。爲隔宮一卦相通。證之經說。八卦只有一卦通。一字之義。殊不合也。〇（宣聖云）多聞闕疑。愼言其餘。誠哉是言也。〇（上節）。共路兩神爲夫婦。認取眞神路。三般。是四四。同時在乎順排。爲有定名之父母卦。益之家人。以四爲眞神路。辰陰龍陰爻。排到亥陽龍。土尅水。爲尅出。共路兩神。挨到辰亥。辰屬單陰。亥屬雙陽。爲陰差陽錯。辰亥不得爲眞夫婦。故曰。認取眞神路。〇（帝釋）一神定縣府。紫微同八武。三般。是九六一。同時在乎倒排。爲有定名之父母卦。同人之革。以乾一爲養龍神。戌土龍。動出未土龍。爲比和。共路兩神。挨到未戌。未坤申。戌乾亥。乾坤爲夫婦正配。因地在天上而爲泰。故曰。倒排父母養龍神。富貴萬餘春。〇（此三節） 一。爲順排。 二。爲倒排。 三。爲順排逆挨。起三般。分兩片。無餘蘊矣。

子午卯酉四龍岡。作祖人財旺。水長百里佐君王。水短便遭傷。

（自解）四正之卦。以地支爲主。四隅之卦。以乾坤艮巽爲主。山水二龍。均以此爲父母也。四正旺氣。水源來長。定然發福。見水短流。出卦遭傷。

識得陰陽兩路行。富貴達京城。不識陰陽兩路行。萬丈火坑深。

(自解)識得二字。明明對習術者而言也。識得。即識隨時而在之陰陽。順逆挨到坐向水。陰陽二宅。發福悠久。富貴不休。若不識得顛顛倒。排挨天卦地卦。兩路當元旺氣。到坐向水口。火坑之深。豈可窮其丈尺也哉。

前兼龍神前兼向。聯珠莫相放。後兼龍神後兼向。排定陰陽算。明得零神與正神。指日入青雲。不識零神與正神。代代絕除根。

(前兼)後兼。即顧前顧後之意。前兼者。向上排龍也。向上既得生旺排到來山。又生來山之生旺。此之謂前兼。後兼者。山上排龍。也。山上既得生旺。排到向首。又生向首之生旺。此之謂後兼。前與後。零與正。陰與陽。總要排定何處得零。何處得正。分別陰陽前後。推算得失也。

倒排父母是眞龍。子息達天總聪。順排父母倒子息。代代人財退。

(自解)父母卦。子息卦。皆須倒排。而不用順排。假如九運五廉旺氣在坎癸。倒排。則不用坎癸。而得眞旺氣。六運。順排。則用眞坎癸。而反得煞氣。看五六。不知到何卦位耳。因六運。挨武曲不到坐向水。反挨得破軍到。人財有退無進。可知其中有天卦。

爲之主宰。玄空大卦。千言萬語。惟在乎此。

一龍宮中水便行。子息受艱辛。四三二一龍逆去。四子均榮貴。龍行位遠主離鄉。四位發經商。

(一龍者)一節水也。一節之後。便出卦。子孫雖發。必受艱辛。四三二一龍逆去。巽震坤坎。逆流而去也。位遠離鄉。言近水旣出卦。略遠又還歸本卦。兒孫自有此應。

時師不識挨星學。只作天心摸。東邊財穀引歸西。北到南方推。老龍終日臥山中。何嘗不易逢。止是自家眼不的。亂把山岡覓。

(東引)西歸。北到南推二語。眞靑囊之秘。天玉諸書之奧矣。老龍者。是玄空運行之龍也。玄空運行之龍。自有玄空尋覓之法。反從山岡上去尋覓。何異刻舟求劍耶。

世人不識天機秘。洩破有何益。汝今傳得地中仙。玄空妙難言。翻天倒地更玄玄。大卦不易傳。更有收山出煞訣。亦兼爲汝說。相逢大地能幾人。個個是知心。若還求地不種德。穩口深藏舌。

(自解)陰陽二宅。看龍到頭。坐向水口。翻天倒地。山何以收。煞何以出。要會玄空三大卦。挨星天機之妙訣。此法造物之所忌。先師之所秘。恐人輕洩。故於篇終。特又叮嚀致戒之耳。穩口穩口。毋取災禍。

都天寶照經　唐楊益筠松著

廣東新會李思白自解
四男李聖志陶齋同校
四弟李希泮璧持
五弟李希粲煥甫
四川重慶府巴縣門人毛夢覺釋非氏較正

上篇

楊公妙應不多言。實實作家傳。人生禍福由天定。賢達能安命。貧賤安墳富貴興。全憑龍穴眞。龍在山中不出山。掛在大山間。若是沙曲星辰正。收得陽神定。斷然一塋便興隆。父發子傳榮。

(此節)論深山老龍幹氣。專取嫩枝之法。謂既得嫩枝。再求眞穴。情形。再看主山端正。峯巒秀美。神氣充足。砂水朝歸。再兼用法。處處得宜。自有一塋便興之應。龍在山中不出山。掛在大山間。此言老幹。抽出嫩枝之情形也。

好龍脫刧出平洋。百十里來長。離祖離宗星辰出。此是眞龍骨。前途節節出兒孫。文武脉中分。直見大溪方住手。諸山皆不走。個個回頭向穴前。城郭要周完。水口亂石堆水中。此地出豪雄。若得遠來龍脫刧。發福無休歇。穴見陽神三摺朝。此地出官僚。不問三男並五子。富貴房房起。津湖溪澗同此看。衣祿榮華斷。大水大河齊到處。千里來龍住。水口羅星鎖住門。似大將屯軍。落頭定有一星形。非火土卽金。正脉落平三五里。見水方能止。二水相交不用砂。只要石如麻。更看峽石高山鎖。密密來包裹。此是軍州大地形。細說與君聽。

(上節)言老龍幹結。此節。言出洋盡結。大凡龍氣落平洋。穿江渡河。脫卸盡淨。再起星峰者。謂之脫刧。又名出洋。氣勢踴躍。千變無窮。難以言狀。只可言其大概情形耳。

天下軍州總住空。何曾撐着後頭龍。只向水神朝處取。莫說後無主。立穴動靜中間求。須看龍到頭。

(動靜二字)其說有三。一。山水形勢。有陰陽動靜之分。一。千支卦位。有陰陽動靜之分。一。天主動。地主靜。天地有陰陽動靜之分。天主動。卽其至動之中。亦有四時往來。陰陽動靜之分。地主靜。卽其至靜之中。亦有起伏行止。陰陽動靜之分。天以靜而生。地以動而成。曉得至動之中有靜。至靜之中有動。看龍到頭之法過半矣。立穴之法。亦過半矣。所云到頭者。非山之到頭。又非水之到頭。正謂玄空生旺到水。謂之到頭也。此到頭二字。乃空龍之妙訣。當默識之。○(隨時變易)。顛倒無定者。謂之動。止蓄團聚。千支純粹謂之靜。靜者。安定於下。動者。流行於上。觀其靜與動。氣與質。相配相得之處。便是到頭。〇(註云)。另有口訣。大略如是。

楊公妙訣無多說。因見黃公心性拙。全憑掌上起星辰。類聚裝成爲妙訣。大山喚作破軍星。五星所聚脉難分。但看出身一路脉。到頭要分水土金。又從分水脉脊處。便把羅經照出路。節節同行過峽眞。前去必定有好處。子字出脉子字尋。莫教錯作丑與壬。若是陽差與陰錯。勸君不必費心尋。

(自解)自此章以下。皆楊公平洋秘訣。非眞得口眼相傳。未許執言語文句。方寸羅經。而妄談二十四山。八卦九星。飛佈得失。確知破軍五星難分之脉也。但看出身。乃山上水裡龍神。起卦。過水氣。生木氣。爲一路之血脉。而分水土金三吉星。又從分水脉脊處。對天人地。陰陽成卦。看其動爻。金生水。水生木。同行一節。分數節。相生不已。過峽前去。子脉尋子。如乾。午。巽。卯。坤。午。艮。酉。運運尋去。均得旺龍。若錯認去尋丑壬。則出身一脈。卦中陰陽差錯。非全美之龍。故云。不必費心尋。貪巨武三吉星也。

子癸午丁天元宮。卯乙酉辛一路同。若有山水一同到。半穴乾坤艮巽宮。取得輔星成五吉。山中有此是眞龍。

(自解)坎爲天元。子癸午丁。卯乙酉辛。爲一路同到。非天元。其中有天元。若有山水一同挨到旺氣。半穴。挨得天卦之乾坤艮巽。能兼輔星到坐(向)內水。而成五吉。乃是眞龍神也。○(參觀)一白坎運。玄空三大卦之天卦可悟。非呆法耳。

辰戌丑未地元龍。乾坤艮巽夫婦宗。甲庚丙壬爲正向。脉取貪狼護正龍。

(自解)地元者。是坤土龍神。辰戌丑未。非地元。其中有地元。未丑丑未是也。乾坤艮巽。爲夫婦同宗。得地元卦氣之三段(般)。八九一。玄空大卦晋之豫。貪狼伏應。甲庚丙壬爲正向。觀天卦甲丙。庚辰。丙戌。壬庚。可悟其取正向。乘正脉。之法。必要取伏應之貪狼到四。四一同宮。以護正運龍神。(楊公)著書。一絲不漏。蓋如此。

寅申巳亥人元來。乙辛丁癸水來催。更取貪狼成五吉。寅坤申艮御門開。巳丙立向天門上。亥壬向得巽風吹。

(自解)寅申巳亥。乙辛丁癸。非人元。其中有人元。亦貫兼貪到。舉寅坤申艮爲例。御門。指旺水。巳丙立向天門上。天門西北。巳丙臨之巽到北坎。分明艮運。

貪狼原是發來遲。坐向穴中人未知。立宅安墳過兩紀。方生貴子好男兒。

(自解)貪狼爲諸卦統領。最易發福。此非天元之運。乃人地兩元。陰陽二宅。坐山向水。貪狼非主運之星。過兩紀。却能補偏救弊。方生貴子好男兒。故曰。遲也。

立宅安墳要合龍。。不須擬對好奇峰。主人有禮客尊重。客在西兮主在東。

(自解)立宅安墳。山龍。看主山朝案。平洋。看三叉血脉。要挨到合運龍神。若挨不到合運龍神。好奇峰對之何益也。有禮尊重。列奇獻秀。主客東西。亦隱示形氣交孚。對奇峰方能獲福。已上數節。文言半含半吐。但吞吐之間。有深意存焉。讀者當細心參考。知不足。與學之誠篤。自有所得也。

中篇

天下軍州總住空。何須撑着後來龍。時人不識玄機訣。只道後頭少撑龍。大凡軍州住空龍。便與平洋墓宅同。州縣人家住空龍。千軍萬馬悉能容。分明見者猶疑慮。龍不空時非活龍。教君看取州縣場。盡是空龍撥擺踪。莫嫌遠來無後龍。龍若空時氣不空。兩水界龍連生窟。穴得水兮何畏風。但看古來卿相地。平洋一穴勝千峰。

(楊公)恐人不信空龍之說。持引州縣城池為證。然州縣城池。未必盡屬後空。人家墓宅。亦非以坐空為是。坐實為非。只要坐空得坐空之五行。坐實得坐實之五行。方合龍空氣不空。龍實氣不實之妙用。中言得水。承上文龍空氣不空。龍實氣不實。而中言之也。此謂得者。非以左右水來謂得。亦非前後有水謂得。以所有之水。得挨星生旺。謂得也。穴得水指三元上中下各運。挨當元旺水到坐向。方可救貧。要合量天尺。工部尺。最宜活看。

子午卯酉四山龍。坐對乾坤艮巽宮。莫依八卦陰陽取。陰陽差錯敗無窮。百二十家渺無訣。此訣玄機大祖宗。來龍須要望龍穴。後若空時必有功。帝助帝車並帝位。帝宮帝殿後當空。萬代侯王皆禁斷。予今隱出在江東。陰陽若能得遇此。蚯蚓逢之便化龍。

（自解）子午卯酉。屬四正。何以坐對乾坤艮巽。說到四隅。顯見四運六運之中。有天卦在地卦內也。所謂二十四山起八宮。不可執用。因差錯致禍。推凡百二十家。皆無正訣。惟有玄空大卦。乃陰陽五行大祖宗。聖聖相傳。非人勿示也。然而望穴。五帝。後空。後實。龍空氣不空。龍實氣不實。不敢明言。玄空大卦。起三般。分兩片。經四位。而起父毋卦。子息卦。由無定名。挨到有定名。共路兩龍神。必要雙陰配雙陽。單陰配單陽。認取眞夫婦。眞龍神。陰陽二宅。若能遇此。蚯蚓逢之。便化龍矣。予今隱出在江東。觀先師以世人不識天機秘。洩破有何益。勿傳非人。又以救世爲心。玄空妙難言。是以隱出其旨。在內傳上。江東一卦。卦起於西。當元旺運之五土龍神。戊己鎮中央。而隨氣運行。即江西龍去望江東。以七三爲反比例。則一九。二八。四六。宜分淸孰往孰來。誰消誰長。再憑掌上。尋得一卦。二卦。三卦。知五土龍神。起於東。起於西。挨排顚倒。到南。到北。地畫八卦。山水相對。必能領會矣。再詣誠於內傳下之穩口。弗信弗親。有緣方遇。亦誠不得已之苦衷也。

子午夘酉四山龍。支兼干出最豪雄。乙辛丁癸單行脉。半吉之時又半凶。坐向乾坤艮巽位。兼輔而成五吉龍。

（自解）四正行龍。力厚氣深。單行脉逼。故恐吉凶相半。坐向乾坤艮巽位。詳言四運。兼輔而成五吉龍神。亦可類推。

辰戌丑未四山坡。甲庚壬丙塟墳多。若依此理無差繆。清貴聲名天下無。爲官自有起身路。兒孫白屋出登科。八卦不是眞妙訣。時師休把口中歌。敗絕只因用卦差。何見依卦出高官。陰山陽水皆眞吉。下後兒孫禍百端。水若朝來須得水。莫貪遠秀好峰巒。審龍若依圖訣塟。官職榮華立可觀。

（自解）辰戌丑未。分明四維之左。何以葬墳。又言甲庚壬丙。隱言四運天卦在地卦中。若依天卦挨到旺氣。無反吟伏吟。清貴聲名。自然流傳天下。而爲官起身。白屋登科也。若借用八卦。陰山陽水。上元必須離水。下元必須坎水。敗絕休致。兒孫得禍。得水。言挨得當元旺水。莫貪失運好峰巒。審查得運龍神。依玄空大卦。子乾午子之圖訣。挨排九星旺氣。到坐向城門而塟。官職榮華。自能立見矣。

玄機妙訣有因由。向指山峰細細求。起造安墳依此訣。能令發福出公侯。直向支山尋祖脉。干神下穴永無憂。寅申巳亥騎龍走。乙辛丁癸水交流。若有此山並此水。白屋科名發不休。昔日孫鍾阡此穴。從此聲名表萬秋。

(上四句)言體用兼到之妙。中二句。承上文言祖脉。此祖脉。非太祖少祖。山龍之來脉。又非干支。公孫子母之祖脉。此祖脉。乃玄空之祖脉。所謂天心也。數語當細細察之。如乙辛丁癸。寅申巳亥。即上文所謂甲庚壬丙。辰戌丑未之意。時師都謂此山此水。易犯差錯之龍。皆棄之不取。不知此山此水。亦有發福者。特引孫鍾之墓爲證。經曰。八方位位有眞龍。爻象干支總一同。盖此之謂也。

來龍須看坐正穴。後若空時必有功。州縣官衙爲格局。必然清顯立威雄。范蠡蕭何韓信祖。乙辛丁癸足財豐。亥壬鑾龍興祖格。巳丙旺相一般同。寅申巳亥等五吉。乙辛丁癸四位通。紫緋畫錦何榮顯。三牲五鼎受王封。龍回朝祖玄字水。科名榜眼及神童。後空已見前篇訣。穴要窩鉗脉到宮。試看州衙及臺閣。那個靠著後來龍。砂揖水朝爲上格。羅城攏衛穴居中。依圖取向無差誤。不是王侯即相公。

(上節)言山龍干神坐實之法。此節言平洋坐穴之奧。一山一水。中言坐坐空。坐坐實。一空一實。用法之不同也。然後空之說。前已詳言。此又重言者何也。恐人誤認。不察水神幹枝向背也。穴後之水。必要枝流拱向。得神抱繞有情。再坐之以五吉。即此謂正穴。又謂到宮。所云巳丙亥壬。總言不論是何卦位。是何干支。只要合得五吉。毫無差謬。

神童黃甲。卿相公侯。有得之若操券者矣。楊公恐人不信。特引蕭韓祖墓為證。坐正穴者。不偏不倚。不上不下。不浮不沉之謂也。後空。非以穴後有水謂空。用法。水不得即謂空。如穴後有水。而金龍到頭。此謂龍空氣不空。所謂脉到宮者。即此意也。

天機妙訣本不同。八卦只有一卦通。乾坤艮巽纏何位。乙辛丁癸落何宮。甲庚丙壬來何地。星辰流轉要相逢。莫把天罡稱妙訣。錯將八卦作先宗。乾坤艮巽出官貴。乙辛丁癸田庄位。甲庚壬丙最為榮。下後兒孫出神童。未審何山消此水。合得天心造化工。

(自解)天機是五運。妙訣指挨星。挨洛書五黃到宮之妙訣。本不同挨星。挨河圖九紫到宮之法也。假如挨洛書五黃到宮。以河圖論。五黃屬巽。以洛書論。五數無卦屬。河洛四綠與五黃無交媾。則洛書五黃無定名。不能洛書與洛書通。又不能與河圖通。要與元運。上。一二三四。下。六七八九之卦相通。此是八卦。只有洛書五黃一卦。乃能上下相通之妙訣。如挨河圖九紫到宮。河圖之卦無九數。河洛五數與九數無交媾。則河圖九紫無定名。又河圖不能與河圖通。更不能與元運之卦上下相通。此又河圖九紫挨到宮。其有定名之卦。必要玩索其秘訣。泛言乾坤艮巽纏何位。係纏本位。落本宮。來本地。俱指五運。星辰流轉。要由北極相逢。莫把天罡干支方位。設卦板泥。稱為妙訣。是以錯將八卦。借用陽水陰山。陽山陰水。作先聖宗旨。乾坤艮巽。假如二三九運。能發官貴。乙辛丁癸。五運可發富。甲庚壬丙。四運。最爲榮。上中下三元。若能挨得旺氣到。陰陽二宅。必然發福。並出神童。未審何山消此水。即二運。丑山未向。丑下起未。未下起丑。爲坤山坤向。丙水來起戌。庚水去起辰。爲水坤流之類。乃能合得天心。挽回造化也。此節。盡行指出天卦。九運之陰陽。切勿誤認羅經卦例。故云。莫把大罡稱妙訣。至於消納此山此水。訣要明天心。即元運五黃。如何排挨。如何定名。如何作用。總以收得山來。出得煞去。爲化工。〇(傳心)。是傳五黃。九紫。(傳眼)。是格龍。對定天地人也。

五星一訣非眞術。城門一訣最爲良。識得五星城門訣。立宅安墳大吉昌。堪笑庸愚多慕此。妄將卦例定陰陽。不向龍身觀出脉。又從砂水斷災祥。筠松寶照眞秘訣。父子雖親不肯說。若人遇得是前緣。天下橫行陸地仙。

(自解)五星一訣。言俗註五星卦例。非大玄空挨星眞訣也。城門。山有山之城門。水有水之城門。要識得何者爲五星訣。何者爲城門訣。假如五運。坐丑向未兼癸丁。坐起丑癸。向起未丁。挨翻旺氣到坐向城門。二宅均獲吉報。堪笑世人弗識挨星訣。妄用卦例。不向龍身起卦之數。由此卦變動金龍水龍之出脉。乃能識破城門。又從砂水。不知生尅出。以斷災祥何益。先師此挨星之秘。無緣父子不傳。若有人遇得。便是陸地神仙。

夫亦師之禁戒如是。豈敢違哉。

世人只愛週廻好。不知水亂山顚倒。時師但云講八卦。卻把陰陽分兩下。陰山只用陽水朝。陰水只用陽山收。俗夫不識天機妙。自把山龍錯顚倒。胡行亂作害世人。福未到時禍先到。

(自解)週廻好。言前後左右。前後左右。龍穴砂水。好不好。人所易知。如龍神上山下水之顚倒。人所難識。時師執定呆法。如從山右轉者。水必宜左。從山左旋者。水必宜右。以山岡尋龍脉之法。混入乎平洋理氣。爲分兩下。陰山陽水。陽山陰水。如下元之山。要坎水。上元之山。要離水之類。俗夫不識天機正運。陰陽互根。彤氣交孚之妙。自把山上水上排龍。錯認顚倒挨去。胡行亂作。求福得福。可不戒哉。(註五)。那些子三字。指挨星生旺而言。城門得生旺。雖週廻不好亦吉。如城門不得生旺。週廻雖好。皆無用矣。隨氣變遷。卽是那些子。氣化流行。物換星移。亦是那些子。所謂關鍵者。卽此意也。

陽若無陰定不成。陰若無陽定不生。陽水陰山相配合。兒孫天府早登名。

(陰陽)卽來者爲陽。往者爲陰之陰陽也。陰山陽水者。當用將來之氣。挨入水中。已往之氣。裝在山上。卽爲陽水陰山。此陰陽。是氣運消長之陰陽。非干支卦爻之陰陽。又非左到右到之陰陽。更非上元必須離水。下元必須坎水之陰陽。必非以來水爲陽。去水爲陰。之陰陽也。參透此關。方知生成配合妙理。水裡排龍。水裡得陽。山上得陰。山上排龍。山上得陽。水裡得陰。此謂之陽水陰山。陰水陽山也。上文言陽山陽水者此也。所謂山與水相對者此也。所謂江南江北。主客東西。亦即此也。〇(孤陽)不生。獨陰不長。此天地生成至當不易之理也。配合。即陽水陰山。陰水陽山。交互相生。來往皆春。此眞配合也。苟能知此。自有天府登名之應。

都天大卦總陰陽。玩水觀山有主張。能知山情與水意。配合方可論陰陽。

(自解)都天大卦。言玄空大卦。乃總統屬天卦地卦之陰陽。玩水觀山。如山上排龍。水裡排龍。從天心正運起挨星。方有主張。能一二三四。順排。九八七六。逆挨。動靜得宜。雌雄交會。的是山情水意。配合。言與玄空由天心起卦。所得陰陽正配。非有一個陰。取一個陽以配合之之謂。知此。則青囊天玉之機盡矣。

都天寶照無人得。逢山踏路尋龍脉。前頭。走。到。五里山。遇。着。賓。主。相。交。接。欲求富貴頃時來。記取筠松眞妙訣。

(自解)此節。是玄空大卦挨星五行。三般。是七三五。形氣交孚。爲有定名之父母卦。小過之謙。午火龍五數。動出丑土龍五數。無人得。未遇高人秘傳得。逢山踏路尋龍脉。逢五里午火龍。認五里丑土脉。前頭。承上文坐兩向兩。線度。陰陽成卦。以定吉凶而言。走。到。五里山。走。指起挨星。到。指順逆挨到。金木水火土龍。五里山。即言一里水山。二里火山。三里木山。四里金山。五里土山。最宜活看。此節。五里山。之父母卦。爲午火五數。動出丑土五數。便是五里午火山。變五里丑土山。則非二里火山。三里木山也。遇。着。賓。主。相。交。接。遇。即遇峽可以格龍。着。則以羅經。對着天地人三般。撥砂收水。賓。挨到金賓生水主。宜形與氣台。相。係陽以相陰。交。指顛倒顛。挨得天地父母三般卦氣。夫婦交媾。要生入尅入。接。若行公位看順逆。順一二三四挨去。逆九八七六挨去。挨到接得方奇特。則尋龍到頭。立穴坐向。子乾午子。山水陰陽相見。不出一父母卦之內。要記取楊公。玄空三大卦挨星。顛倒顛之妙訣。窮其變化。便能富貴頃時來也。

天有三奇地六儀。天有九星地九宮。十二地支天干十。干屬陽兮支屬陰。時師專論這般訣。誤盡閻浮世上人。陰陽動靜如明得。配合生生妙處尋。

(上數句)言奇門之法。世人用差。所以不驗。末二句。論陰陽動靜。配合生生之妙。言陰陽。非以山爲陰。以水爲陽。又非以干爲陽。支爲陰。又非以四卦屬陽。四卦屬陰。又非以左水到右爲陽。右水到左爲陰。動靜。亦非以形動爲動。形靜爲靜。此所謂動靜者。天主動。動以靜而生。地主靜。靜以動而成。如明得天地陰陽。動靜生成之奥。再細心尋其生生配合之妙。玄空大卦之精髓。可造乎其極矣。〇(靜即地)。凡有形者皆靜。爲方爲隅。形象之謂也。動者天也。曰空。曰氣。曰健。無形之謂也。動者運行於上。無一息之停。萬物生生化化。成形成象。何莫不由天動而始也。成形成象。即是靜。即是動以靜而生。靜以動而成也。地惟靜。其所以生萬物即是動。動者皆天始之也。天不得地。則無所以生。地不得天。則無所以成。乾統坤。地承天。惟動故能統。惟靜故能承也。配合生生。是言山上排龍。水裡排龍。陰陽動靜。山上水裡。有彼此生生。來往皆春之情意也。

下篇

尋得眞龍龍虎飛。水城屈曲抱身歸。前朝旗鼓馬相應。下後離鄉着緋衣。

(此節)指山龍而言。眞龍之穴。龍虎分飛。非其病也。眞龍急行。龍虎之相隨亦急。急則兩砂之末。乘勢逆回。有似分飛。昔人指爲曜氣。正眞龍靈氣。發露之象也。然情既向外。則人事亦應之。主子孫他方發達。謂之離鄉砂也。

乙字水纏在穴前。下砂收鎖穴天然。當中九曲來朝穴。悠揚瀦蓄斗量錢。兩畔朝歸穴後歇。定然龍在水中蟠。若有聲爲數錢水。催官上馬御階前。

(自此)以下八節。皆平洋水局。形體吉凶之辨。此節。言曲水纏身之格。歇在穴後。正前篇所謂後龍空。坐正穴也。數錢水。假借爲義。俗而巧。

安墳最要看中陽。寬抱明堂水聚囊。出夾結成玄字樣。朝來鸞鳳舞呈祥。外陽起眼人皆見。乙字彎身玉帶長。更有內陽坐穴法。神機出處覓仙方。

(自解)看中陽。外陽。內陽。即內外明堂也。玉帶乙字等語。總論形局砂水之至美者也。必要水神含蓄有情。照穴之之玄。呈祥。極言水之屈曲環抱飛揚。生旺挨到城門。均得一卦之用爲吉。內陽坐穴。水得元運。其機最神。皆從天卦分之。方不已成仙乎。

水直朝來最不祥。一條直是一條鎗。兩條名爲揷脇水。三條云是三刑傷。四水射來爲四煞。八水名爲八煞殃。直來反去拖刀殺。徒流客死少年亡。時師只說下砂逆。禍來極速怎堪當。塖圳路街如此樣。亟宜遷改免災殃。

(自解)此節。專言直水之凶。冲射者更凶。路街田塖冲射者。亦忌。有則改之。以免災殃。○(水神流動)。發禍最易。如能改即改之。若不能以人力挽回。起廟堆塔以擋之。若此均不能以人力挽回。急宜遷往別處。乃免災殃。水形如此。不抱前後左右。陰陽二宅均忌。

前水朝來又擺頭。淫邪凶惡不知羞。乾流自是名繩索。自縊因公敗可憂。

(自解)穴前水形。似曲非曲。似直非直。謂之擺頭。擺頭之水。不可下穴。恐出淫邪凶惡。倘乾流象繩索。因公自縊。憂其破敗。水形如此。不拘前後左右。二宅均忌。(乾流)。指坐向。挨到之乾流。爲例。

左邊水反長房死。右邊水射小兒亡。水直若然當面射。中子離鄉死道傍。東西南北水射腰。房房横死絕根苗。貪淫男女風聲惡。曲背駝腰家寂寥。

左邊水反長房死。離鄉忤逆皆因此。右邊水反小兒傷。風吹婦女隨人走。當面水反中男當。斷定二房有損傷。左右中反房房絕。切忌墳塋遭此刼。

天玉青囊。都天寶照。或言體。或言用。或兼體用而言。千言萬語。不外趨吉避凶。此兩節。專指砂形水法。冲射反跳而言。如諸般凶山惡水。即合用法。切不可因其合用。而取之。〇(自解)此兩節。言水反。以形論。若以氣言。挨武到坎。隔向一神仲子當之類爲是。

一水裏頭名斷城。下之雖發未爲榮。兒孫久後房房絕。水到砂收反主興。

(形雖環抱)。狹而帶淺。左右前後。毫無闊狹生動之意。名曰斷城。又名裹頭。裹頭之水。穴前陽氣不舒。最易敗絕。故特辨之。

茶槽之水實堪憂。莫作蔭龍一例求。穴前太偪割唇脚。不見榮兮反見愁。

(自解)直硬深坑。毫無動意。謂之茶槽。止蓄團聚。照穴有情。謂之應龍。茶槽宜遠。遠則不割。應龍宜近。近則得神。切勿誤認。而遠近錯用。要合量天尺爲的。

玄武擺頭有多般。未可慳然執一端。或斜或側或正出。須憑直節對堂安。擺頭直出是分龍。須取何家龍脉踪。大山出脉分三訣。未許專將一路窮。

(自解)如水之擺頭。直出。分龍。須取玄空大卦動爻。察是金龍脉踪否。大山所出之水脉。要分三大卦挨星之訣。未許執一例。不變而通之。以定吉凶。又擺頭。言水似曲非曲之狀。玄武。指穴後。穴後之水。或曲或直。或向或背。情狀不一。難以盡舉。只要與穴前一般排算。故曰對堂安也。

家家墳宅後高懸。太陽不照太陰偏。必主其家多寂寞。男孤女寡實堪憐。

(自解)此節。即後空之意。世人喜有後托。如不合法。被其掩遮。陽光照不到。主出孤寡之應。總要隨地適宜。高低各得。不必拘拘後空後實。即用量天尺。吊陽光照到宮。太陽吉星入度。太陰凶星出宮。爲例。發祥避禍。皆在此中。

貪武輔弼巨門龍。方可登山細認踪。水去山朝皆有地。不離五吉在其中。

(自解)貪木。弼金。武金。輔土。指九星之成形者。言五吉。指兼貪輔。再查水之吉處。果合補救出煞之妙用。則來亦吉。去亦吉矣。

破祿廉文凶惡龍。世人墳宅莫相逢。若然誤作陰陽宅。縱有奇峰到底凶。

(自解)破祿廉文諸星。指形而言。四星凶惡。二宅均忌。因未曾駁換行龍。其形凶惡。不可相逢。二宅誤用。所謂水秀峰奇出大官。尚且疑凶。若論氣。九星無吉。而有時乎吉。九星無凶。失用則凶。最宜活看。

本山來龍立本向。反吟伏吟禍難當。自縊離鄉蛇虎害。作賊充軍上法場。明得三星五吉向。轉禍爲祥大吉昌。

(自解)本山本向。非子龍子向。丑龍丑向之謂。又非納甲淨陰淨陽之謂。指玄空挨星。山上龍神下了水。水裡龍神上了山。爲反吟伏吟。禍決難當。自縊等凶。遇事而見。亦非限定。皆有此害。三星。金水土。言龍體。五吉。言卦氣。天元取輔。人地兩元兼貪之五吉。必要形與氣合。挨旺氣到坐向水。即能轉禍爲祥矣。

龍眞穴正誤立向。陰陽差錯悔吝生。幾爲奔走到朝廷。纔到朝廷帝怒形。緣師不曉龍何向。墳頭下了剝官星。

(自解)即向首一星災福柄。去來二口死生門。不識玄空生出尅出。變吉成凶。尋龍眞穴。正在俗師心滿意足。豈知功只一半。未盡善也。龍局不明顛倒挨去。星下剝官。俗師誤人非淺。愼之。非俗註所謂壬向之剝官。又非流破官旺之剝官也。

尋龍過氣尋三節。父母宗枝要分別。孟山須要孟山連。仲山須要仲山接。干奇支耦細推詳。節節照定何脉良。若是陽差與陰錯。縱吉星辰發不長。一節吉龍一代發。如逢雜亂便參商。

(自解)尋龍。指格龍。過氣。如第一節龍。分水線。則過水氣。以生第二節龍。分木線。再過木氣。以生第三節龍。分火線。確知三節。非水火混淆。卦氣雜而不純。乃爲三節不亂是眞龍。父母卦。子息卦。要分別生旺。看來龍。來脉。過峽。起頂。屬何卦之宗枝。孟山仲山。卽子脉尋子之意。干支奇耦。卽一三五。二四六。起卦之意。照定何脉。要金生水。水生木。合玄空爲良脉。差錯。卽是單陰配雙陽。不吉。必發不長久。一節一代。言卦氣長短。雜亂。則不合天卦。決得奇禍。是節。辨純雜。定吉凶。乃方位理氣之最要者也。

先識龍脉認祖宗。蜂腰鶴膝是眞踪。要知吉地行龍止。兩水相交夾一龍。夫婦同行脉路明。須認劉郎別處尋。平洋大水收小水。不用砂關發福久。水口石似人物形。定出擎天調鼎臣。

(自解)束細者。爲蜂腰。收而畧放者。爲鶴膝。此皆象形也。要從天卦認定。龍脉眞踪。乃能用蜂腰鶴膝。兩水夾龍。知爲吉地。夫婦。陰陽別名。同行。爲不出卦。脉路明。卽兩枝脉。兩枝要尋。認明單陰配單陽。雙陰配雙陽。好尋。平洋。看小水歸大收。
福自綿遠。如能有成形象之石。關守水口。定出擎天調鼎之臣。
龍若直來不帶關。支兼干出是福山。立得吉向無差誤。催祿催官指日間。
(自解)此節。言山水二龍。關者。煞也。龍無煞氣。支兼干出。指四正。子午兼壬丙。
言其氣魄雄厚。向吉無差。官祿立至。其勢然也。
乾坤艮巽脉過凹。節節同行不混淆。向對甲庚壬丙水。兒孫列土更分茅。仲山過脉不帶關
。三節山水同到前。斷定三代出官貴。古人準驗無虛言。
(上節)言直來帶關殺。則易。此節言屈曲而求其不雜。則難。果能去來屈曲。節節整齊
。夫婦同行。不偏不倚。一絲不亂。更兼山水純一。體用一氣。自有列土分茅之貴矣。
過脉節數等語。總言世代久暫之應驗也。
發龍多向支神取。若是干神又不同。支若載干爲夫婦。干若帶支是鬼龍。子癸爲吉壬子凶
。三子字眞假在其中。乾坤艮巽天然穴。水來當面是眞龍。要識眞龍結眞穴。只在龍脉兩三
節。三節不亂是眞龍。有穴定然奇妙絕。千金難買此玄文。福緣遇此無輕洩。依圖取向不
差分。榮華富貴無休息。時師不明兎强扦。雖發不久卽敗絕。
(自解)發龍。指挨星。挨到元運龍神也。支神。指天卦之子午夘酉。干神。指乙辛丁癸

是也。又不同。可知干神亦有用時。子載癸。稱夫婦。壬帶子。是鬼龍。排挨一二三運。可悟其陰陽相見爲夫婦。純陽相見是鬼龍。子癸爲吉。壬子凶。參觀二四五運。三字。即壬子癸。眞。子得癸吉。指山管山。水管水。假。子得壬凶。指反吟。伏吟。乾坤艮巽。卦屬四維。何以稱天然穴。指乾運。當面水來。龍可決眞。穴眞決於兩三節。言不遠也。三節不亂。指天卦動爻。變得木土金龍神。尅入生入。穴即奇絕。玄文無價。遇者大緣。輕洩被譴。自取罪戾。禁傳非人。取向。必要依挨星圖訣。則發富貴長久。時師不明挨星。而免强指扦。恐發不久。隨即敗絕。〇（楊公）垂訓深切。著明寶貴。全在後學。

一個星辰一節龍。龍來長短定枯榮。孟仲季山無雜亂。數產人龍上九重。節數多時富貴久

〇一代風光一節龍。

（自解）即天卦第一個挨星。挨到第一節龍。看龍神吉凶。以定禍福。孟仲季山。即挨第一節金龍。生第二節水龍。第二節水龍。生第三節木龍。乃無雜亂。數產天地人龍氣。合三元九運。決發富貴。節數多時。節節挨到三星五吉。三元不敗。富貴悠久。一代風光一節龍。言一節挨得旺氣。一代發。並指平洋龍。得水一曲一折。相向環抱有情。二宅應之。至世代久暫。大地與否。都在曲折純雜向背上占驗也。〇燕子占巢向背。燕子春

來秋往。啣泥造屋。是年三煞到方。必坐三煞開門。可知其亦能順天氣之流行而邀福。

地理人子須知。信夫。

地理辨正自解全一册終